개혁주의 복음 설교를
한글과 영어로 읽다

박헌성 목사
한영 설교집

개혁주의 복음 설교를 한글과 영어로 읽다

박헌성 목사 한영 설교집 _1

© 생명의말씀사 2018

2018년 10월 25일 1판 1쇄 발행

펴낸이 | 김재권
펴낸곳 | 생명의말씀사

등록 | 1962. 1. 10. No.300-1962-1
주소 | 서울시 종로구 경희궁1길 5-9(03176)
전화 | 02)738-6555(본사) · 02)3159-7979(영업)
팩스 | 02)739-3824(본사) · 080-022-8585(영업)

지은이 | 박헌성

기획편집 | 유선영, 최은용
디자인 | 김혜진
인쇄 | 예원프린팅
제본 | 정문바인텍

ISBN 978-89-04-16640-4 (03230)

저작권자의 허락없이 이 책의 일부 또는 전체를
무단 복제, 전재, 발췌하면 저작권법에 의해 처벌을 받습니다.

Bilingual Gospel Sermons in Reformed Theological Foundations

개혁주의 복음 설교를 한글과 영어로 읽다

박헌성 목사
한영 설교집

1

CONTENTS

BILINGUAL
GOSPEL SERMONS
IN REFORMED
THEOLOGICAL
FOUNDATIONS

1 벧엘로 올라가라 • 6
Go up to Bethel
창세기 35장 1-5절   **Genesis 35:1-5**

2 힘들고 어려울 때 • 42
In Times of Hardship
마태복음 6장 25-30절   **Matthew 6:25-30**

3 무엇이 우리의 힘입니까? • 74
What is our Power?
고린도전서 1장 22-29절   **1 Corinthians 1:22-29**

4 새사람, 새생활 • 106
New Person, New Life
고린도후서 5장 17-19절   **2 Corinthians 5:17-19**

5 **씨 뿌리고 꽃피우는 신앙** • 140
A Sowing and Flowering Faith

마가복음 4장 30–32절   **Mark 4:30-32**

6 **복의 근원이 되라** • 176
You will be a blessing

창세기 22장 9–18절   **Genesis 22:9-18**

7 **위대한 축복의 해** • 210
Great blessed year

신명기 28장 1–6절   **Deuteronomy 28:1-6**

1

벧엘로 올라가라
Go up to Bethel

창세기 35장 1-5절

"하나님이 야곱에게 이르시되 일어나 벧엘로 올라가서 거기 거주하며 네가 네 형 에서의 낯을 피하여 도망하던 때에 네게 나타났던 하나님께 거기서 제단을 쌓으라 하신지라 야곱이 이에 자기 집안 사람과 자기와 함께 한 모든 자에게 이르되 너희 중에 있는 이방 신상들을 버리고 자신을 정결하게 하고 너희들의 의복을 바꾸어 입으라 우리가 일어나 벧엘로 올라가자 내 환난 날에 내게 응답하시며 내가 가는 길에서 나와 함께 하신 하나님께 내가 거기서 제단을 쌓으려 하노라 하매 그들이 자기 손에 있는 모든 이방 신상들과 자기 귀에 있는 귀고리들을 야곱에게 주는지라 야곱이 그것들을 세겜 근처 상수리나무 아래에 묻고 그들이 떠났으나 하나님이 그 사면 고을들로 크게 두려워하게 하셨으므로 야곱의 아들들을 추격하는 자가 없었더라."

Genesis 35:1-5

Then God said to Jacob, "Go up to Bethel and settle there, and build an altar there to God, who appeared to you when you were fleeing from your brother Esau." So Jacob said to his household and to all who were with him, "Get rid of the foreign gods you have with you, and purify yourselves and change your clothes. Then come, let us go up to Bethel, where I will build an altar to God, who answered me in the day of my distress and who has been with me wherever I have gone." So they gave Jacob all the foreign gods they had and the rings in their ears, and Jacob buried them under the oak at Shechem. Then they set out, and the terror of God fell upon the towns all around them so that no one pursued them.

●

영국 런던의 수산 시장은 세계적으로 유명합니다. 특별히 청어가 유명한데, 항상 산 채로 잡아 오기 때문입니다.
The fish market in London, England is world famous. Especially herring is famous because it is always caught alive.

청어는 북쪽 대서양에 가서 잡는데 런던까지 운반하려면 여러 날이 걸립니다. 따라서 청어를 산 채로 싣고 오기가 쉽지 않습니다.
It takes several days to get to the North Atlantic Ocean. So bringing the herrings alive back to London is not an easy task.

그래서 그들은 고기 탱크에 산 메기를 한 마리씩 넣어둔다고 합니다. 사람들은 이 이야기를 들을 때 "그러면 메기가 청어를 다 잡아먹지 않느냐?"고 묻습니다.
So what they do is that they put one catfish into each fish tank. When hearing this, many people wonder, 'Wouldn't the catfish eat all the herrings?'

하지만 메기는 청어를 몇 마리 먹으면 더 이상은 먹지 못한다고 합니다. 게다가 메기가 청어들을 이리저리 쫓아다니며 설치는 바람에 청어들이 잡히지 않으려고 사력을 다해서 피해 다닌다고 합니다. 그렇게 살겠다고 쫓기는 가운데 청어들이 모두 싱싱하게 살아 있게 된다는 것입니다.

However, the catfish does not eat more than a few herrings. After the catfish is done eating, it simply follows the herrings, and so the herrings pour out all their energy to flee from the catfish. Thus, the herrings can stay alive and kept fresh, because they are being chased continuously.

그렇습니다. 우리 인생도 마찬가지입니다. 때로는 경제적으로 어려워서 남이 알지 못하는 고통과 고난을 겪기도 하고, 때로는 가정의 문제나 자녀의 문제로 너무 힘들고 어려울 때도 있습니다. 그런데 그것 때문에 우리는 더 건강하고 아름답고 신선한 삶을 살 수 있습니다.

Yes! The same applies with our lives. Sometimes we go through hardships due to financial difficulties that no one knows about, and sometimes we are in great affliction due to family problems or issues with children. But we can live a healthier, more beautiful, and rejuvenated life by going through these hardships.

한 마리의 메기 때문에 오히려 청어의 생명이 유지되듯이 때로는 이해할 수 없는 고통과 아픔 때문에 우리는 더 힘 있는 삶을 살아갈 수 있습니다.

Just as one catfish helps maintain the life of a herring, sometimes we can live a more strengthened life because of the pain and sufferings we go through.

너는 내 것이라
You are mine

신앙의 족장 중에 특히 야곱을 보면 그가 고백한 대로 험악한 세월을 보냈습니다. 인생은 짧고 어렵습니다.

One of the patriarchs of faith, Jacob, went through a rough season as he confessed. Life is short and difficult.

그렇습니다. 야곱에게는 시련과 고난이 참으로 많았습니다. 그는 태어날 때부터 쌍둥이 형 에서의 발뒤꿈치를 잡고서 나왔습니다.

That's right. There were many trials and hardships. Even from birth, Jacob came out holding his brother Esau's heel.

태어날 때부터 그는 남에게 지지 않기 위해서 수단과 방법을 가리지 않았습니다.
From birth, he did everything he could so that he would not lose to others.

야곱은 사랑하는 사람과 결혼하고 싶어서 14년을 일한 사람입니다. 그는 밤낮을 가리지 않고 열심히 일해서 부자가 되었습니다.
Jacob was a man who worked for 14 years to marry someone he loved. He became wealthy by working hard day and night.

그는 이기심이 강하고 욕심과 질투심이 많았던 사람입니다. 너무나 오랫동안 변하지 않았던 사람입니다.
He was selfish, greedy, and full of jealousy. He was a person who did not change for a long period of time.

야곱은 수많은 실패를 겪었고, 수많은 허물과 죄가 있었던 사람입니다. 그럼에도 불구하고 야곱은 하나님의 사랑과 축복을 많이 받았습니다.
Jacob was a man who made many mistakes and committed many sins. Nevertheless, Jacob received God's love and blessings abundantly.

하나님은 야곱을 끝까지 사랑해주시고 언제나 그와 함께 해주셨습니다. 그리고 마침내 그는 하나님의 사랑과 하나님의 은혜로 변화되어 영광스럽고 거룩한 족장의 삶을 살게 되었습니다.

God loved Jacob to the end and was always with him. And finally he was transformed by the grace and love of God, and lived a life of a glorious and holy patriarch.

그렇습니다. 하나님은 인간적으로 가장 못난 야곱을 통해 영광 받으시기 위해 때로는 그가 못된 짓을 해도 포기하지 않으시고 끝까지 그를 붙잡으셨습니다. 야곱을 믿음의 사람으로 만드신 것은 하나님의 승리요, 하나님의 축복이었습니다.

That's right. It was God's blessing and victory, for he made Jacob into a man of faith. God did not give up and always held Jacob no matter what he did so that He would be glorified through Jacob though he was faulty.

이처럼 야곱을 변화시켜 영광을 받으셨던 그 하나님께서 저와 여러분에게도 그런 은혜와 축복을 주실 줄로 믿습니다.

The same God, who was glorified, by transforming Jacob, will pour out his grace and blessings to us.

그렇다면 왜 야곱이 그토록 하나님의 놀라운 사랑을 받았을까요? 도대체 야곱은 어떤 사람이기에 특별한 하나님의 은혜와 복을 받았습니까?

If so, why was Jacob so wonderfully loved by God, and who

was Jacob that he was blessed with such grace and blessings from God?

야곱이 인간적으로 똑똑해서입니까? 뭐가 잘 나서입니까? 그가 열심히 살아서입니까? 아닙니다. 하나님께서는 그 이유를 이사야 선지자를 통해서 이렇게 말씀하십니다.

Was it because Jacob was intelligent? Did he excel in something? Was it because he worked hard? No! That's not the case. God speaks of the reason through the prophet Isaiah:

"야곱아 너를 창조하신 여호와께서 지금 말씀하시느니라 이스라엘아 너를 지으신 이가 말씀하시느니라 너는 두려워하지 말라 내가 너를 구속하였고 내가 너를 지명하여 불렀나니 너는 내 것이라"(사 43:1).

"But now, this is what the LORD says-- he who created you, Jacob, he who formed you, Israel: "Do not fear, for I have redeemed you; I have summoned you by name; you are mine" (Isaiah 43:1).

그 이유는 "너는 내 것이라."는 것입니다. 하나님이 야곱을 선택하셨기 때문에 야곱은 하나님의 것이었습니다. 하나님이 야곱을 부르시고 하나님의 것으로 삼으셨기에, 하나님은 야곱을 절대로 포기하지 않으셨습니다.

Because "You are mine." Jacob was God's, because God chose Jacob. Because God called Jacob and made him God's, God never gave up Jacob.

이것을 신학적 용어로 '불가항력적 은혜'라고 합니다. 하나님은 야곱이 어디에 가든지 언제나 함께 해주시며 사랑과 은혜를 베풀어 주셨습니다.

This is called the 'irresistible grace' in theological terms. Wherever Jacob went, God was always with him and poured out his love and grace.

그렇습니다. 하나님이 우리를 선택해주신 것입니다. 예수 그리스도를 통하여 십자가의 핏값으로 우리를 사시고 하나님의 것, 하나님의 자녀로 삼으셨습니다.

Yes! God has chosen us. He bought us through the blood of Jesus Christ that was shed on the cross; He adopted us as His children.

그러므로 야곱의 하나님은 우리를 절대로 포기하지 않으시고 저 천국 하늘나라에 가기까지 우리를 사랑하십니다. 또한, 때를 따라 돕는 은혜로 붙드시고 인도해주실 줄로 믿습니다.

Therefore, the God of Jacob will never give up on us, and He will lead us, hold us by His grace, and love us until we go to the heavenly kingdom.

어떤 농부가 시장에 가서 송아지 한 마리를 샀습니다. 끌고 집으로 오려고 하는데 송아지가 따라오려고 하지 않습니다.
A farmer went to the boss and bought a calf. He wanted to take the calf home, but the calf did not want to come along.

그러면 이럴 때 농부가 송아지를 포기할까요? 그렇지 않습니다. "야, 이놈아, 너는 내 거야. 내가 너를 돈 주고 샀어. 너는 나와 함께 가야 해. 따라와."라고 할 것입니다.
Would you give up even if you paid for it? Of course not. You'd say, "Hey, you are mine. I bought you with money. You have to go with me. Follow me."

그런데도 송아지가 가려고 하지 않습니다. 그러면 어떻게 해야 합니까?
But what if the calf still does not want to follow? What should he do then?

때려서라도 가게 해야 합니다. "야, 이놈아, 나는 너를 포기할 수 없어. 너는 내 거야."
He needs to hit it. "Hey, listen, I cannot give up on you. You are mine."

그렇습니다. 세상적으로 살고 하나님의 말씀대로 순종하지 않으면서 자기 맘대로 살았던 야곱이지만, 하나님은 야곱을 포기하지 않으셨습니다. 그리고 때려서라도 야곱을 야곱 되게 했습니다.

Yes. Though at first, Jacob lived in a worldly manner and did not obey God, God did not give up on Jacob. God would shape him to make him Jacob.

벧엘로 부르시는 하나님
God calls to Bethel

야곱이 어려울 때, 야곱이 고난과 시련을 받을 때, 하나님이 언제나 하신 말씀이 있습니다. "일어나 벧엘로 올라가라."는 것입니다.

When Jacob was in trouble and went through sufferings and trials, God always told him something. "Arise, go up to Bethel."

그렇습니다. 여러분에게 힘들고 어려운 문제가 있습니까? 여러분에게 고통과 고난이 있고 시련과 환난이 있습니까?

That's right. Are you facing difficult problems? Are you going through suffering and trials?

그것은 지금도 하나님이 여러분을 사랑하시기 때문입니다. 하나님이 여러분을 포기하지 않으신다는 증거입니다. 그래서 하나님은 "아무개야, 너는 그 자리에서 일어나 벧엘로 올라가라."고 하십니다.

That shows that God loves you. They are a proof that God will not give up on you. "So and so, arise, go up to Bethel."

일찍이 하나님께서는 야곱이 힘들고 어려울 때 "야곱아, 일어나 벧엘로 올라가라. 야곱아, 너는 세겜 땅에 안주하면 안 된다. 일어나서 벧엘로 올라가야 한다."고 하셨습니다.

Early on, when Jacob was troubled, God said, "Jacob, arise, go up to Bethel. Jacob, you should not stay in the land of Shechem. You must arise and go up to Bethel."

그러면 벧엘이 어떤 곳입니까? 왜 벧엘로 올라가라고 했습니까?
What is Bethel? Why did God ask him to go up to Bethel?

야곱은 어린 시절 자기의 성공을 위해 배고픈 형 에서를 유혹해서 장자의 명분을 빼앗았습니다.

Early on, Jacob tempted Esau to take away the birthright from him for Jacob's own success.

눈먼 아버지 이삭을 속이고 형 대신 장자의 축복을 받았습니다.

And he deceived his blind father Isaac. And Jacob received the blessings of the firstborn instead of his brother.

그는 그것 때문에 도망자의 신세가 되어 어머니의 고향인 밧단 아람에 있는 외삼촌 라반의 집에서 많은 고생을 했습니다.
However, because of that, he became a fugitive and suffered a great deal at Paddan-aram, his uncle Laban's house.

그러나 하나님께서 일찍이 아브라함과 이삭과 맺은 언약대로 야곱을 축복하셨기에 그는 결혼도 하고 자녀도 많이 낳았습니다. 열심히 일해서 물질의 축복도 많이 받아 거부가 되었습니다.
But God blessed Jacob as he had made a covenant earlier with Abraham and Isaac, and Jacob got married and had many children. He worked hard and received lots of material blessings.

이제 세월이 흐르고 때가 되어 야곱은 부모 형제가 있는 고향으로 돌아갑니다.
Time had passed and Jacob decided to return to the land where his parents and brother lived.

그때 들려오는 뜻밖의 소식이 있었습니다. 형 에서가 400명의 군사를 이끌고 자기를 기다린다는 것입니다.

Then there was an unexpected news—that his brother Esau was waiting for him with 400 men.

큰일 났습니다. 형에게 지은 잘못과 죄가 있었던 야곱은 두려웠습니다.

Now Jacob was in trouble. He was afraid because of the sin that he had committed to his brother.

그래서 그는 얍복강 강가에서 날이 새도록 하나님을 붙잡고 기도의 씨름을 했습니다.

So at the ford of Jabbok, Jacob wrestled with God until the breaking of the day.

"하나님이여, 나를 살려 주옵소서. 나의 잘못과 죄를 용서해주옵소서. 내 힘, 내 노력, 내 물질로는 안 됩니다. 나를 도와주옵소서."

"O God, save me. Forgive my wrongdoings and my sins. It is impossible to do it with my own strength, efforts, or materials. Please help me."

그날 밤 야곱은 환도뼈가 부러지기까지 씨름하고 부르짖으며 눈물로 하나님 앞에 처절하게 회개하고 항복합니다.

That evening, Jacob cried out to God, repented, and

surrendered himself before God to the point that the joint of his hip socket was broken.

드디어 그는 하나님의 도우심과 긍휼을 덧입게 됩니다. 그래서 하나님의 은혜로 형 에서와의 모든 문제가 해결됩니다.
And finally, he was filled with God's help and mercy. So, by the grace of God, he was able to solve all the problems with his brother.

후에 야곱은 숙곳으로 가서 환도뼈를 치료하며 집을 짓고 살다가 건강이 회복되자 좀 더 살기 좋은 기름진 땅 세겜으로 이주했습니다.
Then Jacob journeyed to Succoth, and built himself a house and when he recuperated, he immigrated to Shechem, a more fertile land.

그리고 세겜에서 참으로 행복한 생활을 합니다. 자녀들도 잘 자라고 모두 건강하며 평안하고 화목하게 살았습니다.
And he lived a very happy life in Shechem. Children grew up and were all healthy. They lived in peace and harmony.

자고 나면 재산이 부쩍부쩍 늘어났습니다. 야곱은 세상에서 부러울 것이 없었습니다. 자기가 세상에서 가장 행복한 사람이라고 여기고 세상 재미에 푹 빠졌습니다. 그런데 바로 그때 뜻밖의 사건이 터졌습니다.

His wealth grew rapidly. He had nothing to be jealous of. He believed himself to be happiest man in the world; he fell in love with the things of the world. But in that moment, an unexpected incident broke out.

온 가족의 사랑을 독차지했던 외동딸 디나가 세겜 마을 여자들을 구경하러 나갔다가 그 땅의 추장 하몰의 아들에게 강간을 당하고 말았습니다.

When Dinah, the only daughter who was dearly loved by the whole family, went out to see the town women of Shechem, she was raped by the son of Hamor.

디나가 하나님을 모르는 이방인에 의해서 몸이 더럽혀졌다는 소식에 야곱의 집은 발칵 뒤집어졌습니다.

The house of Jacob was upset by the news that Dinah had been defiled by a foreigner.

분노와 복수심에 불탄 야곱의 아들들은 아버지와 의논도 하지 않고 세겜 사람들을 찾아갔습니다. 그리고 "너희들은 이방인이니 우리 민족과 결혼하기 위해서는 우리처럼 할례를 받아야 한다."고 했습니다.

The sons of Jacob were indignant and without discussing with their father they went to Shechem and told them, "If you want to marry Dinah, you have to be circumcised as we are."

그 말을 들은 세겜 사람들은 모두 할례를 받았습니다. 할례란 포경수술입니다.

When they heard this, every male in Shechem was circumcised.

세겜 사람들이 할례를 받고 상처 때문에 다 누워 있을 때였습니다. 사흘째 되던 날 야곱의 아들 시므온과 레위가 칼을 가지고 그 남자들을 다 죽였습니다.

On the third day, when they were sore, Simeon and Levi, the sons of Jacob, took their swords and killed all the males.

재물을 약탈하고 여자들과 어린아이들을 포로로 끌고 갔습니다. 야곱의 아들들이 이방 나라에서 사고를 친 것입니다. 그 모습을 보고 야곱이 두려워합니다.

They took their flocks and herds. The children and wives were captured. They created a chaos in the foreign land. Jacob saw this and feared.

야곱은 자기 주변에 있는 다른 가나안 족속들이 자기들을 그냥

두지 않을 것을 알았습니다. 큰일 났습니다. 앞으로 어떻게 해야 할지 눈앞이 캄캄했습니다.

He knew that other Canaanites would not leave them alone. He was troubled. He did not know what to do next.

'그동안 모아 놓은 모든 재산이 물거품이 되지 않을까? 내 자녀들은 어떻게 될까? 어디로 도망해야 하나? 아내의 고향인 밧단아람으로 갈까? 부모님이 계신 내 고향 브엘세바로 갈까?' 이런저런 생각을 해보았지만 어느 쪽도 쉬운 얘기가 아니었습니다.

'Should I abandon all my wealth? What about my children? Where could I go? Should I go to my wife's land Paddan-aram? Should I go back to my hometown Beersheba?' He had all kinds of thoughts, but none of them were easy choices.

그는 조금 전까지만 해도 자기 자신이 이 세상에서 가장 행복하고 잘난 사람이라고 생각했습니다.

Just a little while ago he thought he was the happiest person in the world. He thought he was the best.

그런데 지금은 이 세상에서 가장 불행하고 비참한 신세가 되었습니다. 앞으로 어떻게 해야 할지 수가 나오지 않았습니다.

But now he had become the most unhappy and miserable person in the world. 'What should I do next?' He could not plan ahead.

이때 하나님이 야곱에게 나타나십니다. 방황하는 야곱, 갈 곳 없는 야곱에게, 수많은 갈등과 고민 가운데 있는 야곱에게 하나님이 나타나셔서 "야곱아, 세겜을 떠나 벧엘로 올라가라."고 하십니다.

At that moment, God appeared to Jacob. While Jacob was in the midst of conflicts and distress, God said, "Arise, go up to Bethel."

그렇습니다. 야곱이 갈 곳이 없었던 것이 아닙니다. 몰랐던 것도 아닙니다.

Yes. It wasn't that Jacob did not have a place to go. He knew about that place.

야곱은 세상 재미에 푹 빠져 살면서 그곳을 잊었습니다. 야곱이 마땅히 가야 할 곳은 바로 벧엘이었습니다.

Jacob simply had forgotten about Bethel, because he was enjoying the life on earth. Bethel was the place that Jacob had to go to.

야곱을 만나주신 하나님
God meets Jacob

일찍이 야곱이 어린 시절 밧단아람으로 도망할 때 그는 한 번도 가본 적이 없는 황량한 벌판에 이르렀습니다. 서산에 해가 넘어가고 밤이 어두워졌을 때 그는 한없이 외로웠습니다.

In the early days Jacob flew to Paddan-aram when he was young. It was a desolate field and when the sun went down and darkness came, he was lonely.

현제명 씨가 만든 노래 가운데 "해는 져서 어두운데 찾아오는 사람 없어 밝은 달만 쳐다보니 외롭기 한이 없다."라는 노래가 있습니다.

Hyun Jae-myung wrote a song that says, "The sun went down and is dark but no one is here. Looking at the bright moon makes me lonely."

야곱이 지금 그 신세입니다. 그가 피곤한 몸으로 돌베개를 베고 쓰러져 잠들었을 때 그의 꿈에 하나님이 나타나셨습니다.

This is how Jacob must have felt. Taking one of the stones of the place, he put it under his head and lay down in that place to sleep. And God appeared in his dream.

사다리가 땅에서 하늘 꼭대기에 닿았는데, 저 꼭대기에는 하나님이 서 계시고 주의 사자들이 오르락내리락하고 있었습니다.
There was a ladder set up on the earth, and the top of it reached to heaven. The LORD stood above it and the angels of God were ascending and descending on it.

그때 하나님께서 야곱에게 말씀하셨습니다. "나는 여호와니 너의 조부 아브라함의 하나님이요 이삭의 하나님이라 네가 누워 있는 땅을 내가 너와 네 자손에게 주리니 … 땅의 모든 족속이 너와 네 자손으로 말미암아 복을 받으리라 내가 너와 함께 있어 네가 어디로 가든지 너를 지키며 너를 이끌어 이 땅으로 돌아오게 할지라 내가 네게 허락한 것을 다 이루기까지 너를 떠나지 아니하리라"(창 28:13-15).
God said to Jacob, "I am the Lord, the God of Abraham your father and the God of Isaac. I will give you and your descendants the land on which you are lying. All peoples on earth will be blessed through you and your offspring. I am with you and will watch over you wherever you go, and I will bring you back to this land. I will not leave you until I have done what I have promised you" (Genesis 28:13-15).

야곱은 잠에서 깨어나 이렇게 고백했습니다. "여호와께서 과연 여기 계시거늘 내가 알지 못하였도다 … 두렵도다 이 곳이여 이것은 다름 아닌 하나님의 집이요 이는 하늘의 문이로다"(창 28:16-17). 그는 감사하고 감격했습니다.

Then Jacob awoke and proclaimed, "Surely the Lord is in this place, and I did not know it. How awesome is this place! This is none other than the house of God, and this is the gate of heaven" (Genesis 28:16-17). He was amazed and thankful.

'하나님이 여기에도 계셔서 나와 함께 해주셨구나.' 하고 깨달은 야곱은 그 자리에서 벌떡 일어났습니다. 그리고 베개로 삼았던 돌을 가져다가 기둥을 세우고 그 자리에 단을 쌓았습니다.
'God is here and was with me the whole time.' Jacob took the stone that he had put under his head and set it up for a pillar.

그는 자기가 가지고 있는 전 재산, 어머니가 정성을 다해 준비해 준 기름을 아낌없이 그 재단에 쏟아부었습니다. 그런 다음 야곱은 하나님을 향해 감격스러운 서원의 기도를 합니다.
And he took out the oil, the only possession he had, which his mother had prepared with care, and poured it on top of the pillar. And Jacob made a vow to God.

"하나님이 나와 함께 계셔서 내가 가는 이 길에서 나를 지키시고 먹을 떡과 입을 옷을 주시어 내가 평안히 아버지 집으로 돌아가게 하시오면 여호와께서 나의 하나님이 되실 것이요 내가 기둥으로 세운 이 돌이 하나님의 집이 될 것이요 하나님께서 내게 주신 모든 것에서 십 분의 일을 내가 반드시 하나님께 드리겠나이다"(창 28:20-22).

"If God will be with me and will watch over me on this journey I am taking and will give me food to eat and clothes to wear so that I return safely to my father's house, then the LORD will be my God and this stone that I have set up as a pillar will be God's house, and of all that you give me I will give you a tenth" (Genesis 28:20-22).

즉, 그의 서원은 이러했습니다.
Thus, this was his vow.

1) 나는 일평생 하나님만 섬기겠습니다.
1) I will serve God all my life.

2) 하나님의 성전을 짓겠습니다.
2) I will build His temple.

3) 내게 주신 모든 것에서 십일조를 드리겠습니다.
3) I will give a full tenth to you.

이것을 보면 하나님도 멋있으시지만 야곱도 멋있습니다.

From here, we witness how God is awesome, and how Jacob is great too.

하나님께서는 약속대로 야곱을 지켜주셨습니다. 세월이 흘러 야곱은 가정을 이루었고 하나님은 그에게 많은 자녀를 주셨습니다.
God protected Jacob as promised. Over the years, he formed a family and God blessed him with many children.

또 물질의 축복을 주셔서 거부가 되게 하셨습니다. 하나님은 모든 약속을 다 지키셨습니다. 그런데 야곱은 세상 재미에 푹 빠져서 하나님과의 약속을 다 잊어버렸습니다.
God blessed Jacob and made him wealthy. God kept all his promises. But Jacob began to enjoy the things of the world and forgot his promise to God.

돈 벌고, 행복하고, 잘되고, 성공한 것이 다 자기가 잘 나서 그런 줄 알고 하나님의 은혜를 잊어버렸습니다. 그러나 하나님은 기다리셨습니다. 약속대로 모든 것을 다 이루어주시고 그가 돌아오기를 기다리고 기다리셨습니다.
He forgot the grace of God, taking for himself all the credit for his happiness and success. But God waited. God kept all his promises and continued to wait.

'결혼하면 돌아올까? 자녀를 낳으면 돌아올까? 재물의 축복을 받아 부자가 되면 돌아올까? 모든 것이 잘되고 평안하고 행복하면 돌아오겠지.'

'Will he come back when he gets married? Will he come back when he has children? Will he come back when I bless him and make him wealthy? Maybe he will come back when everything is fine, peaceful and happy.'

이처럼 하나님은 기다리고 기다리셨지만, 야곱은 20년이 지났는데도 돌아오지 않았습니다.

God waited and waited, but Jacob did not return to God for 20 years.

'그래. 얍복강을 건너면 돌아올 거야. 환도뼈가 다 나으면 돌아올 거야. 에서와 화해하면 감사하며 돌아오겠지….'

'He will come back after crossing the ford of Jabbok. When he gets better, he will come back. When he reconciles with his brother Esau, he will come back…'

하나님은 계속 기다리셨지만 야곱은 돌아오지 않았습니다. 도리어 야곱은 세상적으로 더 잘 살려는 궁리나 했습니다.

God waited, but Jacob did not return. God waited, but Jacob kept thinking about how to improve his life in a worldly way.

'어떻게 살아야 더 행복하게 살 수 있을까?' 하고 세상 좋은 곳만 찾았습니다. 그래서 드디어 하나님께서는 야곱을 깨우치기 위해 사랑의 매를 드셨습니다.

'What should I do to make my life happier?' And he kept looking for the good places on earth. So, finally, God decided to rebuke Jacob out of love.

그것이 딸 디나의 사건입니다. 하나님께서는 고통과 환난의 바람을 일으켜 영적으로 잠자는 야곱을 깨우셨습니다.

That was the incident with his daughter, Dinah. God awakened Jacob, who was asleep spiritually, by raising the winds of suffering and tribulation.

그러나 야곱이 영적으로 얼마나 둔해 있었던지, 그는 고난과 시련을 겪으면서도 깨닫지 못했습니다.

Nevertheless, Jacob was so spiritually dull that he did not understand even when he was suffering.

그는 아마도 딸 디나와 아들들에게 "왜 그렇게 했느냐?"고 책망하며 심하게 나무랐을 것입니다.

He probably blamed his children, "Dinah, you're so foolish, Simeon and Levi, why did you murder people?"

그러나 그렇게 원망하고 책망한다고 해결됩니까? 아닙니다. 모든 문제는 야곱에게 있었습니다. 야곱이 벧엘을 잊어버렸기 때문입니다.

Would blaming and reproving solve the problem? No. The problem was with Jacob. It was because Jacob had forgotten about Bethel.

그것 때문에 하나님께서 고난과 환난을 주셨는데 야곱은 깨닫지 못했습니다.

That was the reason for the suffering and tribulations, but Jacob did not realize at first.

그래서 하나님은 야곱에게 직접 나타나셔서 말씀하십니다. "야곱아, 벧엘로 올라가라. 네가 잘 살고 행복한 것 같지만 그게 아니다. 돈 잘 벌고 성공해서 사는 것 같지만 그것은 실패다. 내가 지금 너에게 고난과 고통과 환난을 준 것은 사랑하는 너를 깨우치기 위해서다. 이제는 일어나 벧엘로 올라가라!"

And so God appeared to Jacob and said, "Arise, go up to Bethel. You think you are happy and living a good life, but that is not true. You think you are successful because you are wealthy, but that is not a true success. The reason I allowed hardship, suffering, and tribulations come to you is because I love you and I want to awaken you. Now arise, and go up to

Bethel!"

벧엘이 답이었습니다.
Bethel was the answer.

나의 벧엘은 어디인가?
Where is my Bethel?

어느 교회에 부흥회가 열렸습니다. 첫날부터 모든 교인이 은혜를 받는데 그 교회의 장로 한 분은 수심이 가득한 얼굴로 앉아 있었습니다.
There was a revival in a church. From the first day all the members were being blessed, but there was an elder who was sitting down with dissatisfaction.

강사 목사님은 가슴이 철렁했습니다. 모두가 기쁨과 은혜가 충만한데 저 장로님은 왜 저러실까?
The preacher became anxious. Everyone was full of joy, but what is going on with this elder?

목사님이 궁금하게 여기고 있었는데, 집회 마지막 시간에 사건이 터졌습니다. 그 장로님이 울부짖으며 회개를 하는 것이었습니다.

As the preacher was wondering, the elder suddenly broke down and began to dry and repent at the last hour.

알고보니, 그 장로님에게는 남매가 있는데 딸은 신앙생활을 잘 하지만 결혼한 아들은 잘 하지 못했습니다. 아들은 세상적으로는 어느 정도 기반이 닦였지만, 주일이면 골프를 치러 가거나 식구들을 데리고 여행을 다녔습니다. 또 나쁜 친구들을 사귀면서 담배 피우고 술을 마셨습니다.

The elder had a daughter who was faithful at church, but his married son was not. He had a good career, but he went golfing on Sundays or took his family to trips. He made bad friends and began to smoke and drink.

그 아들 때문에 장로님은 항상 마음이 아팠습니다. 그런데 어느 날부터 그 아들이 음식을 먹는데 소화가 잘 안 되었습니다.

And so the elder was always troubled because of his son. But one day, his son could not digest his food after eating.

소화제를 먹어도 소용이 없었고 얼굴이 점점 상해갔습니다. 그래서 난생처음 병원에 가서 진찰을 해보니 위암이었습니다.

Medicine did not help him and his health kept getting worse. So he went to the hospital for the first time in life, and found out that he had stomach cancer.

의사는 수술도 포기하고 말았습니다. 생명이 가물가물 꺼져갔습니다. 그런데 그때 주님의 음성이 들렸습니다.
The doctor gave up on his surgery. He was almost passing away. But then he heard the Lord.

"아들이 저렇게 된 것은 아들에게 문제가 있어서가 아니라 너 때문이다. 아들이 바르게 신앙생활하지 못하고 비뚤어져 저렇게 된 것은 너에게 문제가 있기 때문이다."
"Your son is the not problem. You are the reason he is suffering. The reason he neglected spiritual life is because of you."

그 음성을 들은 장로님은 울며 회개했습니다. 그리고 교인들 앞에서 이렇게 간증했습니다.
When he heard the voice, the elder cried and repented and gave his testimony before the congregation.

"제가 이제 알게 되었습니다. 이제 깨달았습니다. 내 아들에게 문제가 있었던 것이 아니라 나에게 있었습니다." 그는 엉엉 울었습니다.
"Now I know. I have realized. The problem was not my son,

but I." He wept.

그렇습니다. 오늘 우리도 이 하나님의 음성을 들을 수 있기를 축원합니다. 내가 처음 주님을 만났던 그때 그 자리로, 내 신앙의 고향으로 돌아가야 합니다.
That's right. I pray that today we can also hear this message of God. We must return to the place where we first met God.

처음 주님을 만나서 그 예수 그리스도의 사랑에 감격해서 울고 웃던 그 자리로 돌아가야 합니다.
The place where we first met the Lord, and wept and laughed at the love of Jesus Christ,

"주 예수보다 더 귀한 것은 없네." "주님 한 분이면 됩니다."라고 고백하던 그때, 주님 한 분으로 만족하며 뜨거운 눈물을 흘렸던 그때로 돌아가야 합니다. 그곳이 나의 벧엘입니다.
"There is nothing more precious than the Lord Jesus." The Lord is all we need. We must return to the time when we cried because we were content with the Lord. That is our Bethel.

처음 미지의 땅 미국에 왔을 때, 방 한 개짜리 아파트에 살면서도 기뻐하고 감사하며 꿈을 가지고 살지 않았습니까?
Didn't we rejoice and give thanks that we could live and have

a life when we first came to this unfamiliar land and lived in one-bedroom apartment?

"하나님, 저에게 복 주십시오. 제가 잘 되고 성공하면 일평생 하나님을 잘 섬기겠습니다."라고 기도하지 않았습니까? 때로는 질병 앞에서 이렇게 기도하기도 했을 것입니다. "하나님, 내 생명을 구해주시면 남은 평생을 주님을 위해 살겠습니다."
"God if you bless me and I become successful, I will serve you all my life." Sometimes, in the midst of illness, we prayed, "God, if you save my life, I will devoted the rest of my life to you."

자녀가 속을 썩이면 "하나님, 이 아이를 바르게 잘 키워 주시면 주님을 더 사랑하겠습니다."라고 기도했습니다.
 When children do something wrong, we prayed, "God, if you raise this child well, I will love you more."

사업이 힘들고 어려워서 고난 가운데 있을 때는 "하나님! 이 사업을 일으켜 주셔서 부자가 되면 하나님을 위해 충성하겠습니다."라고 기도했습니다.
When business is not going well, "God! If you help this business and I become wealthy, I will be loyal to you."

그때의 그 간절함, 그 뜨거운 눈물의 기도가 있었던 그곳으로 돌아가야 합니다. 그곳이 우리의 벧엘입니다. 다시 한번 우리는 그 벧엘로 올라가야 합니다.

That earnestness, we need to go back to that place where we prayed with tears. That is our Bethel. Once again we must go up to that Bethel.

야곱이 왜 환난을 겪었습니까? 딸 디나가 세겜성에 구경하러 간 것이 잘못입니까? 아들 시므온과 레위가 문제를 확대한 것 때문입니까?

Why did Jacob suffer? Was it wrong that Dinah went to the land of Shechem to see the women? Did Simeon and Levi made the problem worse?

아닙니다. 야곱이 벧엘을 잊어버렸기 때문입니다.

No. It was because Jacob had forgotten about Bethel.

하나님의 사랑에 감격해서 눈물로 서약했던 그 믿음을 잊어버리고 세상 재미에 푹 빠져 있었기 때문입니다. 그런데 이제 야곱은 깨달았습니다.

He forgot the faith and promise that he made with God, and was enjoying his earthly life. But now Jacob had finally realized.

그는 회개하고 순종했습니다. 온 가족을 데리고 벧엘로 올라갔습니다. 그리고 그곳에서 하나님의 축복을 받고 영광스러운 거룩한 삶을 살았습니다.

He repented and obeyed. He took his entire family and went up to Bethel. And there he was blessed by God and lived a glorious and holy life.

여러분에게 어떤 힘들고 어려운 문제가 있습니까? 어떤 고난과 시련과 환난이 있습니까?

Do you have hardships and difficulties in your life? What kind of suffering, trials, and tribulations are there?

다른 사람 때문이 아닙니다. 나 때문입니다. 야곱처럼 내가 벧엘을 잊어버렸기 때문입니다.

It is not because of someone else. It is because of me. It is because I have forgotten about Bethel like Jacob did.

여러 가지 문제가 있을 때마다 우리는 회개하고 벧엘을 찾아 올라가야 합니다. 그곳에 문제 해결과 더불어 하나님의 놀라운 축복이 있습니다.

When there are problems, we need to repent and go up to Bethel. The solution to the problem along with the wonderful blessing of God is in Bethel.

사랑하는 성도 여러분! 여러분 모두 자신이 잊어버렸던 벧엘로 다시 한번 올라가서 하나님을 만나고 행복한 신앙생활을 하시기를 주님의 이름으로 축원합니다.

Beloved believers! I pray in the name of the Lord that you would all go up to Bethel once again and meet God and walk in faith with joy.

**Bilingual
Gospel Sermons
in Reformed
Theological
Foundations**

힘들고 어려울 때
In Times of Hardship

마태복음 6장 25-30절

"그러므로 내가 너희에게 이르노니 목숨을 위하여 무엇을 먹을까 무엇을 마실까 몸을 위하여 무엇을 입을까 염려하지 말라 목숨이 음식보다 중하지 아니하며 몸이 의복보다 중하지 아니하냐 공중의 새를 보라 심지도 않고 거두지도 않고 창고에 모아들이지도 아니하되 너희 하늘 아버지께서 기르시나니 너희는 이것들보다 귀하지 아니하냐 너희 중에 누가 염려함으로 그 키를 한 자라도 더할 수 있겠느냐 또 너희가 어찌 의복을 위하여 염려하느냐 들의 백합화가 어떻게 자라는가 생각하여 보라 수고도 아니하고 길쌈도 아니하느니라 그러나 내가 너희에게 말하노니 솔로몬의 모든 영광으로도 입은 것이 이 꽃 하나만 같지 못하였느니라 오늘 있다가 내일 아궁이에 던져지는 들풀도 하나님이 이렇게 입히시거든 하물며 너희일까보냐 믿음이 작은 자들아."

Matthew 6:25-30

"Therefore I tell you, do not worry about your life, what you will eat or drink; or about your body, what you will wear. Is not life more important than food, and the body more important than clothes? Look at the birds of the air; they do not sow or reap or store away in barns, and yet your heavenly Father feeds them. Are you not much more valuable than they? Who of you by worrying can add a single hour to his life? "And why do you worry about clothes? See how the lilies of the field grow. They do not labor or spin. Yet I tell you that not even Solomon in all his splendor was dressed like one of these. If that is how God clothes the grass of the field, which is here today and tomorrow is thrown into the fire, will he not much more clothe you, O you of little faith?"

17세기 독일의 유명한 목사님 중에 슈멀크라는 목사님이 있습니다. 당시 개신교는 목회가 힘들고 어려운 때였습니다. R.C. 천주교가 왕성할 때였기 때문입니다.

There was a German pastor named Schmolck in the 17th century. At the time, Protestant ministry had a difficult time. During that time, Roman Catholicism was flourishing.

어느 날 그 목사님이 온종일 복음을 전하고 피곤한 몸으로 돌아오고 있었습니다. 이제 언덕을 넘어서면 바로 목사님의 집이었습니다. 그런데 언덕을 넘어선 순간 목사님 내외분이 그 자리에 털썩 주저앉고 말았습니다. 자기 집이 불타고 있었을 뿐만 아니라 그 안에 어린 두 아들이 있었기 때문입니다.

He was coming back tired from proclaiming the gospel all day long. Now, he only had to cross the hill to arrive home. He crossed the hill, but his wife collapsed at that moment. It was because his house was burning and there were two young sons in it.

정신을 차리고 달려가 보니 아이들이 새까맣게 불에 타 있었습니다. 그 타버린 아이들을 안고 목사님 내외분은 하나님을 향해서 울부짖었습니다. 그 소리는 마치 짐승의 울음소리와도 같았습니다.

They ran to their house bur the fire had already consumed their children. His wife held the children and cried out to God. The sound was like the cry of a beast.

"나는 온종일 당신의 복음을 위해서 수고했는데 이게 뭡니까?" 목사님이 막 울부짖고 기도하다가 기진맥진해서 쓰러졌습니다. 얼마나 시간이 흘렀을까요? 그에게 몇 마디 영감이 떠올랐습니다.

'I worked all day long for your gospel, what is this?' He cried and prayed without know how much time had passed. A few inspirations came to him.

세월이 흐른 후 그가 그때의 영감을 바탕으로 시를 썼는데 바로 찬송가 549장, '내 주여 뜻대로 행하시옵소서'라는 찬양입니다.

After a while he wrote a poem and that became hymn 549, "My Jesus, as Thou wilt"

그렇습니다. 우리는 인생을 살아가면서 힘들고 어려울 때가 있습니다.

That's right. We live in a difficult and tough time.

세상적으로 보면 모든 게 끝난 것처럼 정말 힘들고 어렵습니다. 그때 우리는 어떻게 해야 합니까? 인생이 힘들고 어려울 때는 누구나 하나님을 만나야 합니다.

In the world, there are times when it 's really hard and difficult as if everything is over. What should we do then? When life is difficult, everyone needs to meet God.

우리 주님을 만나 삶의 현장에서 달인이 되어야 합니다. 그래야 하나님이 우리를 높이 들어 사용하십니다. 삶을 살아가노라면 누구에게나 항상 좋은 일만 있지는 않습니다.

We must meet our Lord and become an expert in the field of life. So that God would use us in mighty ways. Life does not always consist of good things.

때로는 원치 않아도 고난의 아픔을 안고 살아가야 합니다. 누구든지 고난을 당하지 않는 사람은 없습니다. 그렇다고 내가 당하는 고난을 누가 대신 져 줄 수도 없습니다.

At times, we need to live with pain and hurt though we do not want to. Nobody can escape suffering. And no one can suffer in my place.

내게 있는 고난은 반드시 내가 짊어지고 가야 합니다. 그러나 힘들고 어려울 때 인간은 누구나 많은 생각을 하게 됩니다. 그리고 그것은 새로운 삶의 전환점을 이룹니다.

We must carry our suffering with us. Suffering makes people to think deeply and it even becomes a turning point of new life.

담대한 믿음으로
Through Bold Faith

성경 역사 속에서 위대한 사람은 한결같이 남보다 더 힘든 어려움과 고난의 아픔을 겪었던 사람들입니다.

In the Bible, great men in history were those who suffered more than others.

왜냐하면 인간의 힘으로 해결할 수 없는 힘들고 어려운 일을 당할 때, 그 사건 속에서 하나님을 만나게 되었기 때문입니다. 그들은 결국 담대한 믿음과 용기로 승부하여 하나님의 새로운 축복을 받았습니다.

It was because they met God through the difficult circumstances that could not be solved by human power; they received God's blessing by faith.

그러면, 힘들고 어려울 때 구체적으로 어떻게 해야 합니까?

So, what do you do when you are in times of trouble?

1. 담대한 믿음이 있어야 합니다.
1. We ought to have bold faith.

"그러므로 내가 너희에게 이르노니 목숨을 위하여 무엇을 먹을까 무엇을 마실까 몸을 위하여 무엇을 입을까 염려하지 말라 목숨이 음식보다 중하지 아니하며 몸이 의복보다 중하지 아니하냐"(마 6:25).

"Therefore I tell you, do not be anxious about your life, what you will eat or what you will drink, nor about your body, what you will put on. Is not life more than food, and the body more than clothing?" (Matthew 6:25).

그렇습니다. 사람이 이런저런 생각을 하는 것은 자유지만 제아무리 염려해도 자기가 가지고 있는 능력의 한계를 벗어날 수는 없습니다. 아무리 염려해도 하나도 달라지는 것은 없습니다.

That's right. Humans have the freedom to think in various ways, but being anxious will not help us to overcome our limits. No matter how worried you are, nothing changes.

우리는 힘들고 어려울 때 염려할 필요가 없습니다. 하나님을 찾아야 합니다. 하나님을 만나면 그 하나님이 도와주십니다. 하나님을 믿는 담대한 믿음이 있어야 합니다.
So we should not worry when we are in times of trouble. We must seek God. God will help us when we meet God. There must have a bold faith in this God.

공중에 나는 새도 하나님의 허락 없이는 떨어질 수 없습니다. 들의 백합화가 어떻게 자라는지 생각해보십시오. 우리의 머리카락까지도 세신 바 되었다는 하나님께서 우리를 지키신다는 담대한 믿음을 가지고 힘들고 어려운 일을 극복해야 합니다.
Birds in the air cannot fall without God's permission. Imagine how the lilies in the field grow. We must overcome the hardships with a bold faith that God, the one who even knows how many hair strands we have, is protecting us.

그렇습니다. 아무리 힘들고 어려워도 염려하지 말고 담대한 믿음으로 살아야 합니다.
That's right. No matter how difficult your circumstances are, do not worry; we ought to live with a bold faith.

요즘 사람들의 얘기를 들으면 너무 부정적인 생각과 말을 많이 합니다. 그래서 우리 자신도 모르는 사이에 의기소침해지고 염려와 근심, 걱정의 삶을 살아갑니다.
If you listen to people these days, there are too many negative

thoughts and words. So, before we know it, people become depressed, become anxious, and worry.

그런데 예수 믿는 우리는 그렇게 살면 안 됩니다. 예수 그리스도 안에는 '예'와 '아멘'만 있을 뿐입니다. "된다, 좋다, 할 수 있다, 하자, 할렐루야!" 이렇게 말해야 합니다.

But we cannot live that way. In Jesus Christ, there should only be "Yes" and "Amen." We ought to say, "It can happen," "It's good," "It's possible," "Lets do it!" and "Hallelujah!"

힘들고 어려울 때일수록 담대한 믿음으로 살아야 합니다. 절대로 부정적인 생각이나 말을 해서는 안 됩니다.

The harder the situation is, the more we should live with bold faith. We should never have negative thoughts or say negative words.

메릴린 하키 여사가 쓴 『가계에 흐르는 저주를 끊어야 산다』는 책에서 하키 여사는 자신이 아버지와 너무 똑같이 닮았다고 말합니다.

Marilyn Hickey wrote a book called, "Break the Generation Curse." In that book, Mrs. Hickey said that she resembles her father so much.

얼굴만 닮은 것이 아니라 신장이 약하고 신경이 쇠약한 것까지 닮았다는 것입니다. 그런데 아버지가 일찍 돌아가셨습니다.

Not only the face, but her weak kidney and even her weak nervous system resembles her father. Unfortunately, her father passed away early.

그래서 그녀의 마음속에는 '내가 아버지를 많이 닮았으니 나도 일찍 죽겠구나.'라는 생각이 있었습니다. 또한, 우리 집안은 신장도 나쁘고 신경쇠약 등 나쁜 병이 가문에 흐르고 있다는 생각에 사로잡혔습니다. 그런데 어느 날 하나님께 기도하는 중에 하나님의 말씀을 들었습니다.

In her mind, since she was like her father, so she thought that she would die early too. She was also caught up in the idea that debilitating illness flows in her family blood. But one day when she prayed to God, she heard His voice.

"무릇 하나님의 영으로 인도함을 받는 사람은 곧 하나님의 아들이라 너희는 다시 무서워하는 종의 영을 받지 아니하고 양자의 영을 받았으므로 우리가 아빠 아버지라고 부르짖느니라"(롬 8:14-15).

"For all who are led by the Spirit of God are sons of God. For you did not receive the spirit of slavery to fall back into fear, but you have received the Spirit of adoption as sons, by whom we cry, "Abba! Father!" (Romans 8:14-15).

그렇습니다. 하키 여사의 육신의 아버지도 아버지이지만, 전능하신 창조주 하나님이 영적으로 그녀의 아버지가 되셨기 때문에 그녀의 가정과 가문의 아버지, 인생의 참 아버지는 하나님이라는 것입니다.

That's right. It is true that Mrs. Hickey had a physical father, but because God, the Almighty, the Creator became her Abba Father; God is the true Father of her generation and family.

그리고 그녀는 이러한 하나님의 음성을 들었습니다. "전능하신 하나님이 신장병으로 죽었다는 소리 들었느냐? 네가 믿는 하나님이 못하시는 일이 있느냐? 네가 믿는 하나님은 원수 마귀 사탄도, 질병도 저주도 다 이기신 분이다. 그 예수 그리스도가 지금 너와 함께하시니 이제는 그분의 복을 받아라."

She also heard, "Have you ever heard that the Almighty God can die of a kidney disease? Is there anything that I, God, cannot do? I am the Heavenly Father, whom you believe, who has defeated Satan, diseases, and curses. Since Jesus Christ is with you now, receive His blessings."

그래서 그녀는 이 음성을 듣고 주님과 동행하면서 건강한 몸으로 살고 있다는 내용입니다.

After that, she walked with the Lord and lived a long happy life with a healthy body.

그렇습니다. 힘들고 어려울 때일수록 필요한 것은 염려와 근심, 걱정이 아니라 담대한 믿음입니다.

That's right. The harder the situation is, what we need more of is to not worry and be anxious, but to have a bold faith.

심리학에서 인간의 욕구 가운데 충격의 욕구가 있다는 말이 있지 않습니까? 인간은 어떤 충격을 받을 때 성장하고 충족될 수 있다는 것입니다. 어려움은 또 하나의 기회요 축복입니다.

There is a word in psychology field called, the "shocking desire." Human beings can grow and be satisfied when they are subject to some kind of shock. Difficulty and hardship are another opportunity and a blessing.

그러므로 힘들고 어려울 때일수록 염려나 두려움을 떨쳐 버리고 담대한 믿음으로 사십시오. 그러면 영적으로나 정신적으로, 또 세상적으로도 나도 모르게 크게 성장하고 축복을 받을 줄로 믿습니다. 그러므로 힘들고 어려울 때일수록 필요한 것이 담대한 믿음입니다.

Therefore, the harder the situation is we should cast away fear and anxiety. If we live with bold faith, we will grow mentally and spiritually, and receive a blessing. Therefore, what we need the most in times of trouble is bold faith.

하나님을 바라보세요. 하나님을 의지하세요. 하나님께 도와 달라고 매달리세요. 하나님께 부르짖으세요. 하나님이 도와주시면 됩니다. 하나님이 은혜 주시면 됩니다.

Look upon God. Rely on God. Cling to God and ask him for help. Cry out to God. It is possible if God helps. It is possible if God gives us grace.

그렇습니다. 고난과 어려움은 축복의 새로운 사인입니다.

That's right. Difficulty and hardship are the new signs of blessing.

어찌하여 두려워하느냐?
Why are you afraid?

예수님께서 갈릴리 바닷가에서 사역하실 때, 말씀을 마치고 날이 저물어 제자들과 더불어 배를 타고 건너가는데 갑자기 광풍이 일어나서 배에 물이 들어오고 죽을 지경이 되었습니다.

As Jesus ministered on the shore of Galilee, after he had finished teaching the word, the day passed and he was on a boat with his disciples. Suddenly a storm arose, and water came into the boat and they were about to die.

제자들은 두려워 떨며 주무시는 예수님을 깨웠습니다. "선생님이여 우리가 죽게 된 것을 돌보지 아니하시나이까"(막 4:38). 그때 예수님께서는 바람과 파도를 꾸짖어 잔잔케 하신 후에 제자들을 책망하셨습니다. "어찌하여 이렇게 무서워하느냐 너희가 어찌 믿음이 없느냐"(막 4:40).

The disciples trembled with fear, and woke Jesus and said, "Jesus, wake up. We are going to die" (Mark 4:38). And He awoke and rebuked the wind and calmed the storm. He said to the disciples, "Why are you so afraid? Have you still no faith?" (Mark 4:40).

그렇습니다. 비록 힘들고 어려워서 죽을 시경이 되어도, 염려하거나 두려워하지 말고 담대한 믿음으로 살아야 합니다.

That's right. Even if it is difficult and hard to the point of death, we should live with bold faith, instead of being fearful or anxious.

여호수아가 이스라엘 백성들을 이끌고 가나안에 들어갈 때 염려와 두려움이 많았습니다. 그때 하나님께서 염려하며 두려워하지 말라고 하시면서 다음과 같은 성공의 비결을 가르쳐 주셨습니다.

When Joshua led the people of Israel into Canaan, there was much anxiety and fear. God taught him the secret of success, saying, "Do not be afraid and do not be anxious"

1) 모세가 하나님을 의지했듯이 너는 하나님을 의지하면 된다.
1) Just as Moses had trusted God, you must trust in God.

2) 인간적인 지혜와 경험을 의지하지 말고 하나님의 말씀을 의지해라.
2) Do not depend on human wisdom and experience, but depend on God's Word.

3) 하나님의 뜻을 따라 담대한 믿음을 가지고 전진해라.
3) Move forward with bold faith according to the will of God.

그렇습니다. 세상을 살다 보면 사람은 누구나 힘들고 어려울 때가 있습니다. 그럴 때 보통 사람들은 '내가 왜 이런 어려움을 당해야 하나?' 하는 원론적인 질문을 던질 수 있습니다.
That's right. Everyone in the world goes through times of hardship. At that point, the average person can ask this question, "Why do I have to go through this hardship?"

어떤 집사님이 결혼했는데 신체조건 때문에 임신이 불가능했습니다. 그런데 어느 날 목사님이 설교하시면서 "여러분, 하나님의 능력은 불가능이 없습니다. 그 말씀대로 믿으면 무엇이든지 할 수 있습니다."라고 하셨습니다.

A deacon got married, but because of physical conditions, pregnancy was impossible. But one day a pastor preached, "Beloved, nothing is impossible with the power of God. You can do anything if you believe as the word says."

그때 그 집사님 내외분이 서로 약속이나 한 듯이 "아멘!" 했습니다. 그리고 정말 임신했습니다.

At that time, the deacon and his wife said 'Amen!' together as if they had planned it before. And she became pregnant.

그런데 문제는 자궁이 기형이어서 태아가 옆으로 들어섰습니다. 의사는 수술하자고 했지만 이들은 믿음으로 받은 생명이기 때문에 거절하고 믿음으로 낳겠다고 했습니다.

But the problem was that the fetus was lying sideways because the uterus was malformed. The doctor told them to do surgery, but because it was a life they received by faith, they rejected it and said lets give birth by faith!

그들은 결국 아이를 잘 낳아서 길렀습니다. 그렇습니다. 담대한 믿음은 기적을 일으킵니다.

They baby was born healthily and they raised the baby well. That's right. Bold faith causes miracles.

우리는 전기의 원리는 잘 알지 못하지만 스위치를 누르면 불빛이 들어오지 않습니까? 마찬가지로 우리가 영적인 법칙은 잘 몰라도 힘들고 어려울 때 담대한 믿음으로 부딪치면 기적이 일어납니다.

We do not know the principle of electricity, but when we press the switch, the light comes on. Likewise, we do not know spiritual laws well, but we believe miracles will happen if we have bold faith in times of trouble.

나무가 잘 자라려면 바람이 불어야 합니다. 나무는 바람이 불 때 세포가 움직이고 숨을 쉰다고 합니다. 또한 바람이 불 때 나무뿌리가 더 튼튼하게 박힌다고 합니다.

For trees, the wing must blow. When the wind blows, the cells move and breathe. When the wind blows, the roots of the tree are said to be more robust.

바다에는 파도가 쳐야 합니다. 풍랑이 일고 파도가 칠 때 산소가 들어가서 물고기들이 싱싱하게 살아간다는 것입니다. 이처럼 우리도 힘들고 어려울 때 담대한 믿음으로 부딪치면 더 큰 축복을 누릴 수 있습니다.

Oceans must have waves. When there is a storm and waves, oxygen enters so that the fish can live. So when you face suffering and hardship, you can enjoy a greater blessing if you go through it with bold faith.

여러분! 프로와 아마추어가 다른 점이 무엇입니까? 아마추어는 여건과 상황의 영향을 많이 받습니다. 조건과 이유가 많습니다. 따지고 계산합니다.

Everyone! What is the difference between a professional and an amateur? Amateurs are very influenced by circumstances. There are many conditions and reasons. They calculate.

그러나 프로는 상황의 영향을 잘 받지 않습니다. 이것저것 상관 없습니다. 이유가 없습니다. 아무리 어려운 상황이라도 담대한 믿음을 가지고 하나님 앞에 매달려서 최고를 만들어냅니다.

However, a professional is not affected by circumstances. It does not matter. There is no reason. No matter how difficult the situation is, we ought to create the best by having bold faith and clinging to God.

사랑하는 성도 여러분! 힘들고 어려울 때 담대한 믿음으로 승리하시기를 주님의 이름으로 축원합니다.

Beloved believers! I pray in the name of the Lord that you be victorious with bold faith in times of trouble.

하나님이 함께하시는 자의 용기
The courage that is with God

2. 용기가 있어야 합니다.
2. We ought to be courageous.

사람들은 가끔 이 세상에서 힘들고 어려울 때, 죽고 싶다는 말을 많이 합니다. 그래서 힘들고 어려울 때 삶의 회의를 느끼고 스스로 죽는 사람도 있습니다.

People often say that they want to die when they face hardship. Some people do not find meaning to life when they face hardship and commit a suicide.

그러나 조금만 비켜서서 생각하면 죽음이 모든 문제의 해결은 아닙니다. 죽고 싶다고 하지 않아도 언젠가는 죽게 될 테니 미리 서두를 필요가 없지요.

But if you think about it a little bit, death is not the solution to all problems. Even if you do not want to die, you will die someday, so you do not have to rush ahead.

죽기는 왜 죽습니까? 현대인의 약점이 지식과 경험은 있지만 용기가 없다는 것입니다. 기술은 있지만 지혜가 없습니다.

Why die? Modern people have knowledge and experience, but

their weakness is that they are not courageous. They have skill but no wisdom.

교회는 다니는데 하나님을 의지하는 믿음과 용기가 없습니다. 일찍이 히브리서 기자는 아브라함, 이삭, 야곱 등 신앙의 족장들을 나열하고 그들의 생애와 믿음의 위대함을 다 기록했습니다. 그런 다음 결론에서 "이런 사람은 세상이 감당치 못하느니라"(히 11:38)며 용기 있는 사람들이라고 쓰고 있습니다.

They attend church, but they do not have faith and courage to trust God. Early on, the author of Hebrews listed the patriarchs such as Abraham, Isaac, and Jacob, and records all of their lives and the greatness of their faith, and he concludes and describes them as, "of whom the world was not worthy." They were courageous people.

용기가 있을 때 하나님의 능력을 체험할 수 있습니다. 예수님께서는 십자가의 고난을 보고 비겁하게 도망하지 않으시고 용기를 가지고 십자가를 지셨습니다. 그 용기로 인해서 하나님의 능력과 권세로 부활하시고 승천하셨습니다.

You can experience the power of God when you have the courage. When Jesus was about to face the suffering of the cross, He did not flee cowardly, but instead He was courageous and was crucified. The courage led to the resurrection and ascension through God's power and authority.

1941년 영국은 큰 위기에 처했습니다. 하루에도 수천 대의 독일 폭격기들이 날아와서 런던 시가지를 비롯한 공장들을 파괴했습니다. 그때 윈스턴 처칠은 전시 내각을 조직하고, 자신이 수상이자 국방부 장관이 되었습니다. 불바다가 된 런던 시가지를 밤새도록 바라보던 처칠은 다음날 하원에 나가서 그 유명한 연설을 했습니다.

In 1941, Britain was in great danger. Thousands of German bombers fired every day, destroying factories, including the city of London. At that time Winston Churchill organized the exhibition cabinet, became himself a prime minister, and became a National Guard. Churchill, who had been watching the London city all night the other day, went out to the House the next day and made his famous speech.

"내가 바칠 수 있는 것은 피와 눈물과 땀밖에 없다." 그 연설로 영국은 다시 회복되기 시작했습니다.

He said, "I have nothing to offer but blood, toil, tears and sweat." With that speech, Britain began to recover again.

그렇습니다. 힘들고 어려울 때 용기가 필요합니다.

That's right. We need courage in times of trouble.

때로 세상은 우리를 낙심하게 하고 좌절하게 합니다. 힘들게 하고 아프게 합니다. 눈물 나게 합니다.

We need courage. Sometimes the world makes us feel discouraged. It frustrates us. It makes life difficult. It hurts us. It makes us to cry.

그럴 때 우리는 용기를 가지고 일어설 수 있어야 합니다. 새로운 은혜와 축복은 용기가 있을 때 주어지는 것입니다. 성공한 기업가들은 이런 이야기를 합니다.

In those moments, we should be able to stand up with courage. New grace and blessings are given when there is courage. Successful entrepreneurs talk about this.

"성공은 시간, 방법, 열정, 열심이 있어야 한다." 다시 말해서 시간을 잘 활용하고 올바른 방법으로 열심히 일하면 반드시 성공할 수 있다는 것입니다.

Time, strategy, passion, and enthusiasm are required for success. In other words, if you use your time well and work hard in the right way, you can succeed.

그런데 이 중에서 가장 중요한 것은 시간이나 방법이 아니라 열심과 열정이라고 합니다. 때로는 지식도 지혜도 방법도 다 필요하지만 궁극적으로 열심이 있는 사람이 성공한다는 것입니다.

However, the most important thing is not time, but passion and enthusiasm. Sometimes knowledge, wisdom and methods are needed, but ultimately, those who are passionate will succeed.

성경에서 '열심'은 헬라어로 '엔 데오스'입니다. 해석하면 '하나님 안에'라는 뜻입니다. 다시 말해서 열심이 있다는 것은 하나님의 신, 성령이 함께하시는 사람이라는 것입니다. 즉, 용기 있는 사람입니다.

'En Deos' is the Greek word that means zeal. If we interpret this, it means "in God." In other words, having zeal means a courageous person whom the Spirit of God is with them.

초대교회와 현대교회의 차이가 무엇일까요? 그것은 믿음의 용기와 열심의 차이입니다. 초대교회 교우들은 목숨 걸고 예수를 믿었습니다. 그들에게는 용기가 있었습니다. 그래서 사람들은 그들을 새 술에 취한 사람들이라고 불렀습니다.

What is the difference between the early church and the modern church? It is the courage and zeal of faith. The early church believers gave their lives and believed in Jesus. They had courage. So people mocked them and said, "They are filled with new wine."

일찍이 다윗왕은 "여호와는 나의 목자시니"(시 23:1)라고 고백했습니다. 하나님이 자신을 인도하시고 보호하시는 목자이시기 때문에 사망의 음침한 골짜기로 다닐지라도 해를 두려워하지 않는다는 용기가 있었습니다.

Early on, King David said, "The LORD is my shepherd." God is the shepherd who guides and protects him. Even though he walks through the valley of the shadow of death, there was the courage not to fear evil.

그래서 들에서 양을 치는 목동의 시절에도 사자와 곰과 더불어 싸우고 골리앗 장군과도 싸워서 이겼습니다. 다윗은 하나님이 함께하신다는 용기가 있었습니다.

So in the days when he was a shepherd, he fought with lions and bears and fought with Goliath and won. David had courage; he believed that God was with him.

그렇습니다. 생활이 힘들고 어려울 때 우리에게 필요한 것은 용기입니다. 꿈이 많으면 많을수록, 문제가 많고 소원이 크면 클수록 더 큰 어려움이 있습니다.

That's right. When life is difficult, what we need is courage. The more you have dreams, the more problems you may have and the greater your wishes, the harder it is.

그것은 그만큼 성공의 기회가 많다는 것입니다. 그래서 도전하는 용기가 필요합니다.

That means that there are many opportunities for success. So we need courage to face challenges.

사랑하는 성도 여러분! 힘들고 어려울 때 용기를 가지고 도전하시기를 주님의 이름으로 축원합니다.

Beloved believers! I pray in the name of the Lord that you would take courage and be willing to face challenge in times of trouble.

소망을 이루는 인내
Fulfilling hope through patience

3. 인내가 필요합니다.
3. We ought to persevere.

"그러므로 내일 일을 위하여 염려하지 말라 내일 일은 내일이 염려할 것이요 한 날의 괴로움은 그 날로 족하니라"(마 6:34).

"Therefore do not be anxious about tomorrow, for tomorrow will be anxious for itself. Sufficient for the day is its own trouble" (Matthew 6:34)

그렇습니다. 힘들고 어려울 때 인내해야 합니다. 잘 참으면 성공할 수 있습니다. 육적 성장, 영적 성장은 결코 쉽게 공짜로 얻어지는 것이 아닙니다.

That's right. We need to persevere in times of trouble. Persevere well, then you can succeed. Physical growth, spiritual growth is never free or easily obtained.

고통을 통해서, 고난을 통해서, 위기를 통해서, 어려움을 통해서, 새로운 차원으로 이끌어 가는 것입니다. 그래서 시편 기자는 "고난당한 것이 내게 유익이라 이로 말미암아 내가 주의 율례들을 배우게 되었나이다"(시편 119:71)라고 했습니다.

Through pain, suffering, crisis, hardships and difficulties, we enter into a new dimension. So the psalmist records, "It was good for me to be afflicted so that I might learn your decrees" (Psalms 119:71).

힘들고 어려울 때 참고 참으면 그것은 틀림없이 보장된 축복입니다. 조개 속에 모래 한 알이 들어가게 되면 조개의 연한 살에 상처가 납니다.

It is a guaranteed blessing when you persevere in times of trouble. When a piece of sand enters a shell, it will hurt the shell and create a scar.

처음엔 조개가 모래를 몰아내려고 갖은 애를 씁니다. 그런데도 모래가 밀려나지 않으면 이것을 감싸게 됩니다. 그리고 타액과 진액을 섞어서 값진 진주를 만들어냅니다.

At first, the shells try to squeeze out the sand. However, if the sand is not pushed out, it will be wrapped. And it combines saliva and essence to create a pearl of great value.

그렇습니다. 힘들고 어려울 때 우리는 참고 인내해야 승리할 수 있습니다. 참아야 성공할 수 있습니다. 그래서 바울은 "우리가 환난 중에도 즐거워하나니 이는 환난은 인내를, 인내는 연단을, 연단은 소망을 이루는 줄 앎이로다"(롬 5:3-4)라고 했습니다.

That's right. In times of trouble, we have to persevere to be victorious. Persevere to overcome. So Paul said, "but we rejoice in our sufferings, knowing that suffering produces endurance, and endurance produces character, and character produces hope" (Romans 5:3-4).

그렇습니다. 환난과 역경이 있고, 힘들고 어려울 때 담대한 믿음과 용기를 가지고 참고 인내해야 합니다. 확실한 내일이 있다면 지금 내가 당하는 어려움은 아무것도 아닙니다.

Yes. When there is trouble, adversity, hardship, and difficulty, we need to be courageous and have bold faith and persevere. If there is a definite tomorrow, the difficulty and hardship that we face now is nothing.

나에게 새로운 축복이 있다면 지금 내 앞에 있는 힘들고 어려운 일들은 문제 될 게 없습니다. 내가 참고 견디기만 하면 하나님은 반드시 나에게 축복해주실 것입니다.
If there is a new blessing to us, the obstacle and hardship in front of us will not be a problem. If we endure and persevere in times of trouble, God will certainly bless us.

욥은 "내가 가는 길을 그가 아시나니 그가 나를 단련하신 후에는 내가 순금 같이 되어 나오리라"(욥 23:10)고 했습니다. 이러한 인내가 있었기에 그가 갑절의 복을 받은 줄로 믿습니다.
"But he knows the way that I take; when he has tried me, I shall come out as gold" (Job 23:10). Because Job persevered, he received twice as much as he had before.

그렇습니다. 하나님만이 우리의 소망입니다. 하나님만이 우리의 전부입니다. 그 하나님이 나를 보고 계시기에, 그 하나님이 나를 책임지고 계시기에 나는 참을 수 있습니다. 갑절의 축복이 나를 기다리기에 나는 인내할 것입니다.
That's right. Only God is our hope. Only God is our everything we can persevere for, because God is watching us and protecting us. We must persevere as the multitude of

blessings wait for us.

누구나 이 세상을 살다 보면 때로는 환난의 바람이 불어옵니다. 갑자기 거센 풍랑이 일어납니다. 이유 없는 고통과 아픔이 찾아옵니다. 그럴 때 그 풍랑을 보지 말고 하나님이 나와 함께하심을 굳게 믿으시기 바랍니다.

Whenever anyone lives in this world, the wind of tribulation blows. Suddenly, a strong storm occurs. Pain comes without a reason. Do not look for the problem, but firmly believe that God is with us.

그래서 성경에 보면 하나님께서 가장 사랑하시는 사람에게 언제나 하시는 말씀이 있습니다. "내가 너와 함께하리라."

So in the Bible there is a word God always gives to the person He loves most. 'I will be with you.'

"아브라함아, 내가 너와 함께하리라." 하나님이 함께하시니 부자가 되었습니다. "야곱아, 네가 어디로 가든지 너와 함께하리라." 하나님이 함께하시니 성공했습니다.

'Abraham, I will be with you.' God was with him and he became wealthy. "Jacob, I will be with you wherever you go." God was with him and he succeeded.

"여호와께서 요셉과 함께하시므로 그가 형통한 자가 되어"(창 39:2). "만군의 여호와께서 함께 계시니 다윗이 점점 강성하여 가니라"(대상 11:9).

"The LORD was with Joseph and he prospered"(Genesis 39:2). "The LORD God was with David, and David became stronger" (1 Chronicles 11:9).

왜 그렇습니까? 하나님이 함께하심을 믿었기 때문입니다. 그 믿음이 있었기에 하나님은 그를 보호해주셨습니다. 다니엘이 하나님이 함께해주심을 믿었기에 그가 풀무불 속에 들어갔어도 하나님이 그를 지켜 주셨습니다.

Why? It is because they believed that God was with them. Because they had faith, God protected them. Though Daniel's friends entered the blazing furnace, God protected them because they believed God was with them.

그렇습니다. 하나님 함께해주심을 믿어야 참고 인내할 수 있습니다.

That's right. We can persevere when we believe that God is with us.

사랑하는 성도 여러분! 힘들고 어려울 때 우리에게 필요한 것이 있습니다. 담대한 믿음입니다. 용기입니다. 인내입니다.

Beloved believers! There is something that we need when we face hardships. It is bold faith. It is courage. It is perseverance.

믿음과 용기와 인내를 가지고 인생의 승리자가 되기를 주님의 이름으로 축원합니다.

I pray in the name of the Lord that you would be victors of life with faith, courage and perseverance.

Bilingual
Gospel Sermons
in Reformed
Theological
Foundations

무엇이 우리의 힘입니까?
What is our Power?

고린도전서 1장 22-29절

"유대인은 표적을 구하고 헬라인은 지혜를 찾으나 우리는 십자가에 못박힌 그리스도를 전하니 유대인에게는 거리끼는 것이요 이방인에게는 미련한 것이로되 오직 부르심을 받은 자들에게는 유대인이나 헬라인이나 그리스도는 하나님의 능력이요 하나님의 지혜니라 하나님의 어리석음이 사람보다 지혜롭고 하나님의 약하심이 사람보다 강하니라 형제들아 너희를 부르심을 보라 육체를 따라 지혜로운 자가 많지 아니하며 능한 자가 많지 아니하며 문벌 좋은 자가 많지 아니하도다 그러나 하나님께서 세상의 미련한 것들을 택하사 지혜 있는 자들을 부끄럽게 하려 하시고 세상의 약한 것들을 택하사 강한 것들을 부끄럽게 하려 하시며 하나님께서 세상의 천한 것들과 멸시 받는 것들과 없는 것들을 택하사 있는 것들을 폐하려 하시나니 이는 아무 육체도 하나님 앞에서 자랑하지 못하게 하려 하심이라."

1 Corinthians 1:22-29

Jews demand miraculous signs and Greeks look for wisdom, but we preach Christ crucified· a stumbling block to Jews and foolishness to Gentiles, but to those whom God has called, both Jews and Greeks, Christ the power of God and the wisdom of God. For the foolishness of God is wiser than man's wisdom, and the weakness of God is stronger than man's strength. Brothers, think of what you were when you were called. Not many of you were wise by human standards; not many were influential; not many were of noble birth. But God chose the foolish things of the world to shame the wise; God chose the weak things of the world to shame the strong. He chose the lowly things of this world and the despised things—and the things that are not—to nullify the things that are, so that no one may boast before him.

●

얼마 전에 있었던 평창 패럴림픽에서 많은 선수들의 얘기가 화제가 되고 큰 감동을 주었습니다. 그중에 크로스컨트리 스키의 신의현 선수가 첫 금메달과 동메달을 땄습니다.

There were many players that were highlighted during the recent Pyeongchang Paralympics. Among them, Shin Eu Hyun, a cross-country ski player, won his first gold and bronze medal.

그는 2006년 대학교 졸업식을 앞두고 앞에서 오는 자동차와 부딪치는 큰 사고를 당했습니다. 7시간의 대수술 끝에 깨어나기는 했습니다만 두 다리를 절단해야 했습니다.

Prior to his 2006 college graduation ceremony, he had a car accident, and woke up after a 7-hour major operation with his legs amputated.

현실을 깨닫게 될수록 그는 부모님을 원망하고 아내를 무시하고 3년 동안 술에 파묻혀 살았습니다.

The more he learned the reality, the more he blamed his parents, ignored his wife, and lived buried in alcohol for three years.

젊은 사람이 평생 그렇게 살아야 한다면 누구나 낙심, 절망, 좌절, 고통의 나날을 보내게 될 것입니다. 충분히 이해되지요.
If a young person has to live like this for the rest of his life, he/she might spend his/her days in despair, frustration, and pain.

그러다가 3년이 지난 어느 날, 그는 친구를 통해서 휠체어 농구를 접하게 됩니다.
Onc day after three years, he learned about the wheelchair basketball through a friend.

장애인이지만 운동을 해보니 재미도 있고 운동을 통해서 무엇인가 할 수 있다는 생각을 하게 되었습니다.
Even though he was disabled, he had fun while exercising and realized that he can do something through exercising.

그래서 스포츠에 푹 빠져서 아이스하키, 사이클 등 여러 운동을 이것저것 열심히 해보게 되었습니다. 그러다가 잘하는 것을 한 번 제대로 해보자고 해서 2015년에 스키를 시작했습니다. 두 다리가 없으니 좌석 스키, 앉아서 하는 스키를 했습니다.

So, with this spirit, he decided to try all kinds of other sports, such as ice hockey, cycling, and so on. So in 2015 he began to ski. He did the sit-down ski because he didn't have legs.

그리고 마침내 7.5km에서 금메달, 15km에서 동메달을 따게 되었습니다. 그 어려운 모든 좌절을 이기고 승리한 신의현 선수에게 박수를 보냅니다.

And finally, he won a gold medal at 7.5 km and a bronze medal at 15 km. I applaud Shin Eu Hyun for overcoming all these frustrations and winning.

세상의 성공과 실패
World's success and failure

사람은 누구나 다 행복하기를 원합니다. 평안한 생활을 원합니다. 그러나 꼭 그렇게 되지 않을 때가 있지요. 우리를 아프게 하는 시련과 역경을 만나게 될 때가 있습니다.

Everyone wants to be happy. Everyone wants a peaceful life. But it's not always the case. There are times when we will face trials that hurt us.

그럴 때 하나님의 말씀이 있다면 내 인생을 수정하는 힘을 얻게 됩니다. 진정한 승리는 넘어졌어도 다시 일어나는 것입니다.
During those times, if we have the Word of God then we receive the power to overcome trials.A true victory is someone who is able to raise again after falling.

예수님께서는 "세상에서는 너희가 환난을 당하나 담대하라 내가 세상을 이기었노라"(요 16:33)고 말씀하셨습니다.
Jesus said, "In this world you will have trouble. But take heart! I have overcome the world" (John 16:33).

그 말씀을 굳게 믿었던 바울이었기에 그는 "이 모든 일에 우리를 사랑하시는 이로 말미암아 우리가 넉넉히 이기느니라"(롬 8:37)라고 고백했습니다. 그렇습니다. 승리는 기쁨입니다. 성공은 영광입니다.
Paul, who firmly believed the Word, he said, "No, in all these things we are more than conquerors through him who loved us" (Romans 8:37). Yes! Victory is joy. Success is an honor.

그러나 실패는 언제나 비참합니다. 슬픔입니다. 이는 운동 경기를 보면 쉽게 알 수 있습니다.
But failure is always miserable. It's sadness. If you look at sports, you can easily realize this.

NBA 농구라든가, 축구, 야구 등을 볼 때 이긴 팀은 좋아서 기뻐 뛰며 어쩔 줄 모릅니다. 영광을 누립니다. 그러나 진 팀은 한쪽에 쭈그리고 앉아서 슬퍼하며 웁니다.

NBA basketball, soccer, baseball... The team that wins is typically very happy. However, the team that loses is typically sad.

이 세상의 모든 삶이 다 그렇습니다. 그런데 중요한 것은 오늘 이겼다고 내일 또 이긴다는 보장이 없다는 것입니다.

This is how our life looks like in this world. But the important thing is that there is no guarantee that the same team will win again tomorrow.

오늘 졌다고 내일 또 지는 것도 아닙니다. 세상의 승리는 항상 이쪽저쪽 왔다 갔다, 오락가락하는 것입니다.

The team that lost will not automatically lose again tomorrow. Victory of the world is always coming and going.

인생은 시소와 같습니다. 그러나 그것이 전부가 아닙니다. 그것은 항상 부분적입니다. 한쪽을 얻으면 다른 한쪽을 잃어버립니다. 이민생활을 하다 보면 그런 경우가 너무 많습니다.

Life is like a seesaw. But that's not all. It is always partial. If you get one part, you tend to lose the other. There are so many trials while we live as immigrants.

어떤 사람은 출세해서 명예를 얻었는데 가정을 잃어버렸습니다.
Some people receive honor through their success but lose their family.

어떤 사람은 성공해서 돈을 벌었는데 건강을 잃어버렸습니다. 이제는 살만한데 또 다른 불행이 찾아옵니다. 개인만 그런 것이 아니라 나라와 민족도 그렇습니다.
Some people have earned money but have lost their health. Now they are well-off, but are unhappy. This applies not just to individuals, but to countries and nations as well.

로마는 무력으로 온 세계를 점령했지만 역사가들의 공통된 견해에 의하면 문화적으로는 실패했다고 합니다.
Although Rome occupied the whole world by force, historians say that culturally, it was a failure.

세상의 모든 승리와 성공은 정도의 차이는 있지만 평가 기준에 따라서 엄청나게 다른 것입니다.
All victories and successes in the world are different, but the evaluation criteria are enormously different.

그렇다면 도대체 무엇이 성공이고 무엇이 실패입니까?
So what is success and what is failure?

세상에서 승리하고 성공하려면 힘이 있어야 합니다.
In other words, we must have power to win and succeed in the world.

힘이 무엇입니까? 보통은 지력, 곧 아는 것을 힘이라고 말합니다. "아는 것이 힘이다."라고 하지 않습니까? 많이 아는 사람이 힘이 있습니다.
What is your strength? Typically, knowledge is power, right? People who know a lot have power.

육체적으로 건강한 사람도 힘이 있습니다. 세상 경험과 노하우가 있는 사람도 힘이 있습니다. 그리고 재력, 즉 돈 많은 사람도 힘이 있습니다.
Those who are physically healthy also have power. People with a 'know-how' and experience have power. And those who have wealth have power.

자본주의 나라인 미국에 살다 보면 돈의 위력이 대단하지 않습니까? "뭐니 뭐니 해도 머니가 최고다."라고들 하지요. 그밖에도 세상에서 힘이 되는 게 많이 있습니다.

If you live in America, a capitalist country, the power of money is great. Money is the best thing. There are many other things that can be considered as strength.

그러나 이처럼 부분적인 것이 아닌 완전한 승리, 영원한 성공은 없는 것입니까? 우리가 어떻게 살아야 승리할 수 있고 성공할 수 있습니까? 우리가 어떻게 살아야 후회 없는 멋진 삶을 살 수 있습니까?

Is there no such thing as complete victory and eternal success? How should we live to succeed? How can we live a wonderful life without regret?

두렵고 떨림으로 하라
Act with care

사도 바울은 다메섹 도상에서 예수 그리스도를 만나고 나서 예수 그리스도의 부름을 받고 인생이 바뀌었습니다. 그는 예수님을 생명 바쳐 따르기로 헌신하고 충성을 결심했습니다.

Apostle Paul met Jesus Christ on the road in Damascus, received the calling from Jesus Christ, and his life was converted. Then he decided to devote his life and to follow Jesus.

그리고 예수님의 제자가 되기 위해서 아라비아 사막에서 3년 동안 기도하며 훈련을 받았습니다.

He prayed and was trained for three years in the Arabian Desert to become a disciple of Jesus.

그가 주의 종이 되어 복음을 전한 지 10여 년이 지났습니다. 나름대로 성경에 대한 지식도, 목회에 대한 노하우도 있었습니다.

And it had been more than ten years since he became a servant of the Lord and preached the Gospel. He had his own knowledge of the Bible and know-how about ministry.

바울은 원래 기본적으로 모든 것이 잘 갖추어져 있는 사람입니다. 열심도 있고 열정도 있고, 지혜도 있고, 주님을 향한 헌신과 충성심도 대단했습니다.

Paul was originally a well-equipped person. He had zeal, enthusiasm, wisdom, devotion and loyalty to the Lord.

그러한 그가 열심히 기도하며 사랑으로 목회를 했기 때문에 어떻게 보면 최고의 수준에 올라 있었습니다.

Because he prayed diligently and served in the ministry in love, he was probably at the highest level.

3년을 준비하고 10년간 열심히 사역했으니까 '인생은 이런 것이

다, 목회는 이런 것이다.' 나름대로 자신감도 어느 정도 있었을 것입니다. 그렇지 않습니까?

Since he prepared for three years and worked hard for ten years, so he could have said, 'Life is like this, ministry is like this.' He probably had some confidence in his own way, right?

우리도 무엇이든지 처음 할 때는 망설이고 조심합니다. 그러나 조금 하다 보면 요령이 생기고 배짱이 생기고 아는 척하잖아요.

We are hesitant and careful to try anything at first. But if we do it a little bit, we learn the trick and we pretend to know it all.

무엇이든지 처음 하거나 모를 때는 떨지만 좀 알고 나면 떨지 않습니다.

At first, when we do not know anything, we get nervous but that dissipates later once we know things.

저도 처음에는 강단에 서면 두렵고 떨렸습니다. 하나님께 의지하고 하나님께 도와 달라고 늘 기도했습니다.

I was afraid when I first stood on the pulpit. I prayed and depended on God for help.

그런데 지금 제가 떠나요? 안 떱니다. 하지만 이제 나는 잘한다고 생각하면 큰일 날 위기입니다. 보통 사람들이 다 그렇습니다.
But what about now? Am I nervous? No I'm not. I'm good at it. But when we think this way, it's a crisis.

그런데 바울은 뭐라고 합니까? "내가 너희 가운데 거할 때에 약하고 두려워하고 심히 떨었노라"(고전 2:3)라고 합니다.
Everyone is like this. But what does Paul say? "I came to you in weakness with great fear and trembling" (1 Corinthians 2:3).

다시 말해서 바울은 행여나 '내가 목회 좀 할 줄 아니까.' 하면서 자기가 할 줄 아는 것, 자기가 가지고 있는 것을 의지할까 봐 두려워했다는 것입니다. 무슨 지식이든지 지혜든지 그 어떤 노하우라도 그것을 의지할까 봐 스스로 약하고 두려워하고 떨었습니다.
In other words, now, Paul feared that he might fall into thinking that he knows how to do ministry, and that he might rely on his own knowledge; hence he feared.

하나님 섬기는 데 십자가의 능력을 의지하지 않고 인간적 요령이나 세상의 테크닉이 불쑥불쑥 나오는 것을 자기가 경험했기 때문에 스스로 약해지고 두려워하고 떨었던 것입니다.
He feared and trembled, because there were times when the worldly knowledge and skills came out instead of resorting to the power of the cross to serve God.

내가 이제는 주님만 바라보며 주님 따라 산다고 결심했는데, 내가 십자가 밑에 다 죽은 줄 알았는데 언제부터인지 불쑥 내 자아가 나타나는 것을 보고 놀랐다는 것입니다.

He committed to himself, "I have decided to live only for God…" but then he thought he was dead under the cross… but he was surprised to see his own self keep appearing.

예수님께서도 "누구든지 나를 따라오려거든 자기를 부인하고 자기 십자가를 지고 나를 따를 것이니라"(마 16:24)라고 하셨습니다.

Jesus said, "Whoever wants to be my disciple must deny themselves and take up their cross and follow me" (Matthew 16:24).

그는 자신이 그 말씀에 순종해서 자신을 부정하고 주님을 따르는 줄 알았는데 아직도 죽지 않고 살아서 꿈틀거리는 자아가 있었습니다.

He thought he was obedient to the Word and denied himself and followed Him, but he was still alive.

이제는 주님 한 분만으로 만족하며 이 세상 것 다 버리고 포기한 줄 알았는데 아직도 내 마음에 미련이 남아 있는 것을 발견했을 때 바울은 두렵고 약해졌다고 했습니다. 그것 때문에 떨었다고 했습니다.

From now on, he thought he was satisfied with the Lord and abandoned all this world. But when he found that he still had some left in his heart, Paul said he was scared and weakened. He was trembling because of it.

우리가 타고 다니는 자동차는 굉장히 힘이 좋고 잠재력이 있습니다. 그러나 진흙탕에 빠지면 맥을 못 춥니다. 움직이지 못합니다.

The cars we ride are strong and have a lot of potential. But if it falls into the mud, it cannot move.

성도가 세상에 묻혀 있으면 믿음이고 뭐고 맥을 못 춥니다. 그리스도인이 세상에 빠져 있으면 저절로 힘이 없어집니다.

When Christians are buried in the world, even with faith, we get stuck and cannot move. If a Christian is in the world, he/she will lose strength.

그러므로 단호하게 세상을 거부하고 예수 그리스도의 십자가를 붙들어야 합니다.

Therefore, we must firmly reject the world and hold on to the cross of Jesus Christ.

내 자아가 죽을 때
When my identity dies

사도 바울은 원래 철학을 공부한 사람입니다. 헬라의 수도 아테네는 철학의 본산지입니다. 수천 년간 소크라테스, 플라톤 등 유명한 철학자들이 열띤 토론을 하던 곳입니다.

The Apostle Paul originally studied philosophy. Athens, the capital of Greece, is the home of philosophy. It was a place where Socrates, Plato, and other famous philosophers discussed for thousands of years.

사람들이 둥글게 둘러앉으면 한 사람이 중앙에 나와 어떤 주제로 얘기를 하고, 또 다른 사람이 나가서 얘기하는 식이었습니다. 그때 마침 바울이 아테네에 갔습니다.

When a person sits in the middle of a circle and speaks on a theme of something, another person goes out and talks. During this time, Paul went to Athens.

그리고 그들의 얘기를 듣다 보니 바울이 '너희들뿐 아니라 나도 많이 배웠다.' 하며 물 만난 고기처럼 자아가 꿈틀거렸습니다.

And when he heard them, Paul said, are you the only one educated? I'm educated too; his ego was coming out.

공부를 많이 한 바울이라 옛날 솜씨가 나왔습니다. 나가서 사람들을 향해서 '내 속에 살아 있는 그 어떤 것'에 대해 철학적으로 하나님을 증거했습니다.

The moment he watched it, because he was educated, his knowledge came out. He went out and witnessed God philosophically in his own ways to people.

그런데 그 연설에 귀를 기울여 주는 사람이 아무도 없었습니다. 바울은 너무 놀랐습니다. 아테네에는 바울을 반대하는 사람도 없었고 핍박이나 환난이 없던 곳이지만 바울은 그곳에서는 교회를 세우지 못했습니다.

But no one listened to his speech. He was so surprised. Originally there was no opposition to Paul or persecution or tribulation in Athens, but there was no church.

바울의 복음을 듣고 믿는 자가 없었고 열매가 없었습니다. 참으로 아이러니입니다.

There was no one who listened to Paul's gospel and believed, there was no fruit. It is ironic indeed.

헬라의 아테네처럼 지성인들이 많이 살고 있는 그곳에 공부를 많이 한 바울 같은 목회자가 더욱 잘 맞지 않겠습니까?

In some ways, would not the pastor like Paul, who had studied in Athens? where the intellectuals of Athens, be more suitable in such location?

설교 하나를 해도 철학적으로 아주 고상하고 수준 있게 전하지 않았겠습니까? 지성인들에게 코드가 맞는 설교, 아는 척하면서 들을 게 많은 멋진 설교를 하지 않았겠습니까?
Wouldn't it be more noble to preach the sermon philosophically? Wouldn't it be better to preach to people who are knowledgeable with the same knowledge code?

그런데 실패했습니다. 제가 가끔 얘기합니다만, 전도할 때 절대로 잘난 척, 아는 척하지 말라고 합니다.
But it failed. I tell you this occasionally, but do not pretend to know you when you are evangelizing.

열심히 돈 버는 사람에게 "돈만 벌어서 되겠습니까?" 하거나, 잘 사는 사람에게 "그저 잘 살면 됩니까?" 하면서 자기도 잘 모르는 이상한 얘기 하지 마세요. 너무 잘난 척, 아는 척하면 전도가 안 됩니다. 그러면 "너나 잘 믿어라." 합니다.
Don't say that earning money is not enough, or living well is not enough to people. What should we do? If you pretend to be too smart, you cannot evangelize.

그저 "열심히 일하는 것을 보니 보기 좋아요. 돈 많이 버세요. 그리고 시간 날 때 이 전도지도 한번 읽어 보세요." 하면 됩니다.
It's good to see you work hard and make a lot of money. And read this preaching when you have time.

바울은 잘난 사람이기라도 했지만 우리는 바울처럼 잘난 사람도 아니잖아요.
Paul did well, but we are not as good as Paul.

결국 바울은 낙심하고 좌절감에 빠져서 고린도로 갔습니다. 그러고는 '천막장사나 하면서 먹고 살자. 나는 하나님의 종으로는 부족하구나.' 하면서 하루하루 힘없이 살아갔습니다.
At last Paul was frustrated and went to Corinth. Why? He went to Corinth realizing he's not worthy of a servant of God; he lived without strength each day.

보통 그렇지 않습니까? 자기가 무엇하다가 그것이 잘 안 되면 실의에 빠집니다.
This is typical, right? If what you do fails, then you will fall into disappointment.

그것도 자기가 잘한다고 생각하는 것에서 최선을 다했는데 실패하면 누구나 '나는 이것 밖에 안 되나?' 하면서 실망이 돼서 죽고 싶어집니다. 바울의 심정이 지금 그렇습니다.

Especially when you think you're good at it and when it fails, we become disappointed with ourselves. Paul's heart was like this.

'하나님이 부르실 때는 언제고, 하나님이 하라고 하실 때는 언제고, 이게 뭡니까?' 그러던 어느 날 성령께서 바울에게 나타나셔서 책망하셨습니다.

God called him to serve but what's this? Then one day the Holy Spirit appeared to Paul and rebuked him.

"왜 가만히 있느냐? 왜 잠잠하냐? 왜 너의 할 일을 안 하느냐? 이 성에는 구원 얻을 자가 많이 있으니 담대히 복음을 전해라."

'Why are you still? Why are you silent? Why do you not do your work? There is a lot of salvation needed in this city. Boldly proclaim the gospel.'

바울은 성령의 소리를 듣고 갈등하기 시작합니다. "하나님! 해보니 안 됩니다." 그는 실패에 대한 생각 때문에 고민합니다. 옛날 아테네에서 복음 전할 때가 생각난 것입니다.

Paul heard the Holy Spirit and began to have some conflict. "God! I tried but it didn't work." He worried about failure. He remembered when he was preaching the gospel in Athens.

여러분이 잘 아시는 대로 바울은 인간적으로 보면 대단한 사람입니다. 보통 사람이 아닙니다.

As you well know, Paul is at least a great person in human terms. He's not a regular person.

적어도 세상에 대해서나 사람에 대해서 겁먹고 두려워할 사람이 아니었습니다. 세상의 도전이나 환난이나 핍박이 있으면 더 강해지는 사람이었습니다.

He was someone who wouldn't fear, at least not about the world or humans. If there was a challenge, tribulation, or persecution of the world, he'd become stronger.

그런데 바울이 왜 약해졌고 두려워하고 떨고 있습니까? 자기 자신 때문입니다. 잘난 자기 때문입니다. 자기를 너무 믿었습니다.

But why was Paul weakened, fearful, and trembling? It is because of himself. It is because of 'good' self. He believed in himself too much.

자기의 양심, 자기의 지식, 자기의 지혜, 자기의 경험, 자기가 남보다 더 낫다는 교만, 자기의 우월감 등이 자기를 괴롭힌다고 했습니다. 그런 자아 때문에 두려워 떨고 있는 것입니다.

He knew that he had more knowledge and experience than others, hence his self-arrogance and whatever he had were what was bothering him. It was that fear why he trembled so much.

바울은 자신이 예수 그리스도를 믿음으로 세상적인 것, 인간적인 것, 타락하고 부패하고, 추하고 더러운 마음이 없어진 줄 알았는데 여전히 자기 속에 그런 것들이 있는 것을 보았습니다.
He thought that by faith in Jesus Christ, he would be free from the worldly, corrupt mind and heart, but he realized that these were still there.

예수 믿고 없어진 줄 알았던 것들이 자기 속에 그대로 남아 있는 것을 보고 안타까워하면서 이런 것이 자신에게 그대로 남아 있는 한 자신은 좋은 그리스도인이 될 수 없다는 것을 깨달았습니다.
He thought that after believing in Jesus, he was changed, but when he saw what was left in him, he was sad.As long as this remained true to him, he realized that he could not be a good Christian.

그런 것들이 마음속에 있는 한 지혜로울 수도 없고 성령 충만할 수도 없고 절대로 강해질 수 없다는 것을 깨달았습니다. 그래서 바울은 슬펐고 괴로웠습니다.
Paul was sad and bitter when he realized that as long as these things were in his heart, he could not be wise, filled with the

Holy Spirit, and could never be strong.

'그렇구나. 내가 승리하지 못한 것, 내가 형통하지 못한 것, 내가 성공하지 못한 것, 내가 성령 충만하지 못한 것, 내가 복음을 제대로 증거하는 종이 되지 못했던 것, 그것은 내가 나를 다스리지 못했기 때문이다.'

The reason for not succeeding and not have been filled with the Holy Spirit, was because he was not preaching the gospel properly as a servant of God. It was due to not controlling himself.

그래서 그는 기도하는 마음으로 외쳤습니다. "나는 날마다 죽노라"(고전 15:31). "내가 내 몸을 쳐 복종하게 함은…"(고전 9:27). "내가 그리스도와 함께 십자가에 못 박혔나니…"(갈 2:20). 즉, '나 바울은 없다'는 것입니다.

So he cried out in prayer. "I face death every day" (1 Corinthians 15:31); I strike a blow to my body and make it my slave" (1 Corinthians 9:27); "I have been crucified with Christ" (Galatians 2:20); thus, I am dead.

그렇습니다. 자기를 죽여야 합니다. 나를 죽여야 합니다. 우리가 영원히 승리하고 성공하는 비결은 자기를 죽이는 일입니다.

Yes! We have to deny ourselves. The secret to our victory and success forever is to deny ourselves.

오직 예수 그리스도의 십자가로
Only through the cross of Jesus Christ

그러므로 그리스도인들은 누구나 자기를 죽여야 합니다. 자기를 죽이는 일에 실패하면 신앙생활을 바르게 할 수 없습니다.

Therefore, Christians must deny themselves. If you fail to deny yourself, you cannot live properly as a Christian.

음식점에 가서도 너무 까다롭게 하지 마세요. 해 주는 밥 먹는데 감사하잖아요. 머리카락이 들어갔으면 어떻게 해야 합니까? 그냥 꺼내놓으면 되지 뭐 그것을 굳이 떠들어야 하나요?

Do not be too picky when going to a restaurant. Thank God for eating. A hair went in. What should you do if a hair goes in? Just take it out, and don't make a scene.

여자들이 이런 얘기를 많이 하지요. "누구네 집 남편은 안 그러는데 당신은 왜 그래?" 하면서 어쩌고저쩌고합니다. 꼭 그렇게 해야 합니까?

Women tend to do this. Someone's husband is not like this, but how come you are?

같이 살아 보세요. 그놈이 그놈입니다. "왜 당신은 고집이 그렇게 세냐?"고 잔소리하는데, 남자는 고집 빼면 아무것도 없습니다. 그래서 지혜로운 여자는 남자 고집을 세워 줍니다.

Try living with another man. They're all the same. Why are we men so stubborn? Without our stubbornness, we are nothing. So a wise woman lifts the man's stubbornness.

남자들도 마찬가지입니다. 아내 보고 "당신은 왜 그렇게 말이 많으냐?"고 하는데, 여자는 말이 많아야 합니다.

And so are the men, why are you saying women talk a lot? A woman must talk a lot.

아내가 온종일 떠드는데 딱히 건질만 한 내용은 하나도 없습니다. 그래도 그냥 들어주면 됩니다. 그렇습니다. 예수 그리스도를 믿는 우리들은 벌써 죽은 몸입니다.

They talk a lot and sometimes there's nothing to take in, but all you need to do is listen well. Yes. Believers in Jesus Christ are already dead bodies.

내일 죽는다는 것이 아닙니다. 앞으로 죽는다는 것도 아닙니다. 이미 죽은 것입니다. 과거입니다. 바울처럼 그리스도와 함께 십자가에 죽었다고 고백해야 합니다.

I do not mean to die tomorrow. I do not mean to die in the

future. We are already dead. It's the past. We must confess that we died on the cross with Christ like Paul.

그리고 이제는 부활하신 주님을 믿는 믿음으로, 은혜로 살아간다고 말해야 합니다. 이 확신이 없으면 아직도 슬픔 속에 있어야 하고 두려움과 떨림 속에 있어야 합니다. 나약할 수밖에 없습니다.
And now we must say that we live by grace in faith in the resurrected Lord. Without this confidence, you will still live in grief, fear, trembling, and weak.

육신이 병들었다고 약해지면 안 됩니다. 사업에 실패했다고 약해지면 안 됩니다. 가난하고 돈 없다고 약해지면 안 됩니다.
You should not be weakened because you have a physical illness. If you are poor and have no money, you should not be weak.

이 세상 그 어떤 것 때문에 약해지면 안 됩니다. 그럴 때 예수 그리스도의 십자가 능력을 믿는 사람은 더 강해질 수 있습니다.
We must not be weakened by anything in this world. During these times, those who believe in the power of the cross of Jesus Christ can become stronger.

바울은 결론을 내립니다. 예수 그리스도의 십자가 외에 아무것도 알지 않기로 결심합니다.
Paul concludes. He decides to not know anything but the cross of Jesus Christ.

예수 그리스도의 십자가만 알고, 십자가만 자랑하고, 십자가만 믿고 살아갈 때 우리에게 힘이 있음을 주장하는 것입니다.
When we know only the cross of Jesus Christ, boast of the cross, and live on the cross, we have power.

"십자가의 도가 멸망하는 자들에게는 미련한 것이요 구원을 받는 우리에게는 하나님의 능력이라"(고전 1:18).
"For the message of the cross is foolishness to those who are perishing, but to us who are being saved it is the power of God" (1 Corinthians 1:18).

"하나님의 어리석음이 사람보다 지혜롭고 하나님의 약하심이 사람보다 강하니라"(고전 1:25).
"For the foolishness of God is wiser than human wisdom, and the weakness of God is stronger than human strength" (1 Corinthians 1:25).

그렇습니다. 바울이 가진 힘의 신비는 자신에게서 나오는 어떤 것이 아니라 예수 그리스도의 십자가였습니다. 바울의 힘의 원천은 예수 그리스도, 곧 십자가였습니다.
That's right. The mystery of Paul's power was not his own, but the cross of Jesus Christ. The source of Paul's power was Jesus Christ: the cross.

그러므로 그는 십자가 외에는 알지 않기로 했습니다. 십자가 외에는 생각지 않기로 했습니다. 십자가만 믿고 십자가만 의지하기로 했습니다.
Therefore, he decided not to know anything but the cross. He decided not to think except the cross. He decided to trust only the cross and depend on the cross.

그래서 F. J. 크로스비는 "십자가 십자가 무한 영광일세."라고 찬송했습니다. 여러분에게 힘이 필요합니까? 예수 그리스도의 십자가만 의지하시기 바랍니다.
So F. J. Crosby praised, "the cross, the cross, an infinite glory." Do you need strength? Please depend only on the cross of Jesus Christ.

십자가로만 나를 부정할 수 있습니다. 십자가만이 나를 새롭게 할 수 있습니다. 십자가의 보혈만이 내 죄를 씻을 수 있습니다. 십자가만이 사랑의 사람, 성령의 사람을 만들 수 있습니다.
Only the cross can deny us. Only the cross can renew us. The

blood of the cross can wash away our sins. Only the cross can make a man of love, a man of the Holy Spirit.

십자가만이 나에게 힘을 주어 강하고 담대하게 합니다. 십자가만 붙들면 우리의 모든 문제가 해결될 줄로 믿습니다.
Only the cross can make us strong and bold by giving us strength. Believe that all our problems will be solved if we hold the cross.

육신의 병든 자, 마음이 곤고한 자, 가정에 문제 있는 자, 세상 살기가 힘든 자, 예수 그리스도의 십자가를 붙드시기 바랍니다.
Please keep the cross of Jesus Christ--those who are sick, who is in trouble, who has trouble at home, and those who think the world is hard to live.

예수 그리스도의 십자가는 힘이 있습니다. 구원의 힘입니다. 우리의 힘은 십자가입니다.
The cross of Jesus Christ is powerful. The cross is the power of salvation. Our strength is the cross.

십자가를 믿으면 구원의 역사가 일어납니다. 십자가를 믿을 때 실패자가 성공자가 됩니다.
If you believe, the work of salvation will take place. When

one believes in the cross, the loser becomes a winner.

십자가를 믿을 때 불가능이 가능하게 됩니다. 단순한 마음, 깨끗한 마음이 필요합니다. 성령의 마음이 필요합니다.
When you trust the cross, what's impossible becomes possible. We need a simple heart and a pure heart. We need the spirit of the Holy Spirit.

교회에 오면 세상의 복잡한 것은 좀 잊어버려야 합니다. 어린아이와 같은 단순한 마음으로 열심히 찬송하고 정성을 다해 기도하고, 설교를 들을 때 아멘으로 경청해야 합니다.
When you come to church, you must forget about the complexities of the world, When you listen to the sermon, you must reply with an 'Amen,' even when you worship and pray.

"글쎄…, 그래도 그렇지…." 하면서 다른 것을 복잡하게 덧붙이지 마세요. 내 인생에 십자가만 더하면 됩니다.
Well… It's still... Do not add anything complicated. All you need to add is the cross.

이미 지나간 실패를 후회하지 마시기 바랍니다. 앞으로 어떻게 살까 걱정하지도 마시기 바랍니다. 예수 그리스도의 십자가 붙들고 다시 한번 일어나 새롭게 사시기를 바랍니다.

Please do not regret the past that failed. Don't worry about how you'll live in the future. I hope that you will hold the cross of Jesus Christ and rise again and be renewed.

사랑하는 성도 여러분! 우리의 힘은 이 세상의 그 무엇이 아니라 예수 그리스도입니다. 예수 그리스도의 십자가입니다.

Beloved believers! Our strength is not something in this world, but only through Jesus Christ. It is the cross of Jesus Christ.

예수 그리스도의 십자가를 붙들고 승리하시기를 주님의 이름으로 축원합니다.

I pray in the name of the Lord that you will hold the cross of Jesus Christ and triumph.

BILINGUAL
GOSPEL SERMONS
IN REFORMED
THEOLOGICAL
FOUNDATIONS

새사람, 새생활
New Person, New Life

고린도후서 5장 17-19절

"그런즉 누구든지 그리스도 안에 있으면 새로운 피조물이라 이전 것은 지나갔으니 보라 새 것이 되었도다 모든 것이 하나님께로서 났으며 그가 그리스도로 말미암아 우리를 자기와 화목하게 하시고 또 우리에게 화목하게 하는 직분을 주셨으니 곧 하나님께서 그리스도 안에 계시사 세상을 자기와 화목하게 하시며 그들의 죄를 그들에게 돌리지 아니하시고 화목하게 하는 말씀을 우리에게 부탁하셨느니라."

2 Corinthians 5:17-19

Therefore, if anyone is in Christ, he is a new creation; the old has gone, the new has come! All this is from God, who reconciled us to himself through Christ and gave us the ministry of reconciliation: that God was reconciling the world to himself in Christ, not counting men's sins against them. And he has committed to us the message of reconciliation.

●

우리나라 역사를 보면, 강화도령이라고 불리던 조선의 왕 철종은 전주 이씨였습니다.

When we look at the history of our country, Ganghwa Doryung's last name was from the Jeonju province Lee.

원래 그는 이성계의 피를 타고 태어났지만 그의 조상이 강화도에 유배되면서 왕손임에도 불구하고 초라한 평민의 자손처럼 자라났습니다.

Originally born in the blood of King Lee Seong-gye, but his ancestors were exiled to the Ganghwa Island, and so he grew up as a commoner, even though he was from a royal family.

그러던 중에 한양의 조정에서는 이씨 왕가의 대가 끊어졌습니다. 그래서 서둘러 이성계의 후손 가운데 한 사람을 찾아서 왕으로 세우게 되었습니다.

And in the meantime, in the Hanyang area, the royal family of Lee's successors died out and the country hurried to find one of the descendants of Lee to set him up as a king.

당시 정권은 안동 김씨들이 세력을 잡고 있었습니다. 그들의 속셈은 이성계의 후손 가운데 한 사람을 허수아비 임금으로 세워 놓고 실질적인 권력은 자기들이 가지고 있겠다는 것이었습니다.
At that time, Andong Kim's family was holding the political regime, and they plotted to have one of the descendants of Lee Seong-gye to be a scarecrow-king, while they still hold the real power.

그렇게 해서 왕위에 오른 사람이 강화도령, 조선의 제25대 왕인 철종입니다.
The person who came to the throne in such way was Ganghwa Doryung, the 25th king of the Joseon Dynasty.

인간적으로 보면 강화도령은 이성계의 피를 이어받은 왕족이므로 임금이 될 수 있는 모든 조건을 다 갖추었고 실제로 왕위에 올라 왕이 되었습니다.
Since Ganghwa Doryung and Lee Seong-gye was blood-related, thus he met all the conditions to become a king.

그런데 문제는 왕은 되었는데 왕답게 정치를 하지 못했습니다. 신하들이 그를 왕으로 섬기며 도와주지 않았기 때문입니다.

But the problem was that he did not fulfill the political responsibilities of a king. And the servants did not help him as king.

또한, 그 자신도 정치에 관심이 없었습니다. 매일 술을 먹고 쾌락만 추구하며 방탕한 생활을 하다가 젊은 나이에 죽고 말았습니다.

He himself was not interested in politics. He drank alcohol every day and pursued pleasure.

우리는 이 역사에서 중요한 사실을 하나 배우게 됩니다. '왕이 되었다'는 사실과 얼마나 '왕답게 살았느냐' 하는 것은 전혀 다르다는 것입니다.

We thus can learn from history that 'being a king' and 'living like a king' are quite different.

그렇습니다. 우리가 만왕의 왕이요 만주의 주이신 예수를 믿고 하나님의 자녀가 된 것과 우리가 얼마나 하나님의 자녀답게 살아가느냐 하는 것은 다른 문제입니다.

That's right. We become God's children by believing in Jesus, the King of kings and the Lord or Lords, but that's different from how we live as children of God.

새사람의 삶
A person's new life

일찍이 바울은 하나님의 자녀 된 우리들이 얼마나 소중한 신분인지 일깨워 주었습니다.

Early on, Paul reminds us of how precious we are as children of God.

우리는 예수 그리스도의 것으로 부르심을 받았고, 하나님의 사랑과 은혜를 입고 살아가는 존재이며, 왕 같은 제사장이요 거룩한 백성인 성도로 부르심을 입은 자들이라고 했습니다.

We are called to be of Jesus Christ; we live in the love and grace of God, And we were called royal priests and holy nation, and a chosen saint.

그렇습니다. 우리는 예수 그리스도 안에서 분명히 거듭난 새사람이 되었습니다. 새사람이면 새생활을 해야 합니다.

Yes. We are clearly born again in Jesus Christ. If you are a new person, you have to live a new life.

우리는 다시는 죄와 사망의 저주 아래 있지 않습니다. 신분이 변화되어 의와 생명 아래에서 하나님의 자녀로 살아가는 거룩한 존재들입니다.

We won't live under sin, death, or curse, but instead with a changed status, under life, and as children of God.

그런데 문제는 우리가 하나님의 자녀답게 살지 못하고 있다는 사실입니다.

But the problem is that we are not living as children of God.

중생한 새사람이면 새로운 삶을 살아야 하는데 여전히 죄의 종 노릇을 하고 있습니다. 사탄이 밀 까부르듯 하고 있습니다.

If we are a new person, we have to live a new life but we still tend to be a slave to sin, and Satan often controls us.

이제는 종이 아니고 하나님이 핏값으로 사신 하나님의 자녀이며 새사람인데 말입니다.

We're not a servant, but a new person and as God's children, bought through blood.

사람은 누구나 새것을 좋아합니다. 새 집을 사고, 새 자동차를 사고, 새 옷이나 새 신발을 사면 기분이 좋습니다. 무엇이든지 새로운 것을 좋아하는 것이 사람입니다.

Everyone likes new things. It is good to buy a new house, new car, new clothes, and new shoes. We all like new things.

그러나 더 중요한 것은 우리 마음이 새로워지는 것입니다. 또 가장 중요한 것은 우리 영혼이 새로워지는 것입니다.
But what's more important is that our heart and mind are renewed. But most importantly, our soul is renewed.

만약 우리가 아직 옛사람이어서 마음이 더럽고 영혼이 추하다면, 새 집에 살고 새 옷을 입는다고 행복한 것이 아닙니다.
We won't feel happy if we live in a new house and wear new clothes, but our heart and soul are dirty.

마음과 영혼이 먼저 깨끗해야 합니다. 마음과 영혼이 새롭고 거룩해야 합니다.
The mind, the soul must be clean first. The mind and soul must be newly sanctified.

내가 마음 문을 열고 예수 그리스도를 영접하면 예수님께서 내 마음에 들어오셔서 내 마음을 바꾸시고 내 심령을 거듭나게 해주십니다. 그러면 내 영혼이 새로워지고, 내 영혼이 깨끗해집니다.
If we open our heart and accept Jesus Christ, and when Jesus comes into our heart, He changes our mind and regenerates our spirit, and our soul will be renewed and cleansed.

내 영혼이 거룩해지고 건강해지면 헌 집에 살고, 헌 자동차를 타고, 헌 옷을 입어도 기쁨이 충만하고 감사와 웃음으로 행복하게 살아갈 줄로 믿습니다.

If our soul becomes holy and healthy, even if we live in an old house, ride an old car, wear old clothes, we'll be full of joy and happy with gratitude and laughter.

그래서 우리 주님께서는 우리에게 새 집, 새 옷을 먼저 사 주시는 것이 아니라 우리의 마음과 영혼을 먼저 거듭나게 중생시켜서 하나님의 자녀로서 새로운 삶을 살게 해주셨습니다.

So our Lord did not buy us new houses and new clothes, but He renewed our hearts and souls first, and made us live a new life as a child of God.

그렇습니다. 하나님의 자녀이자 거룩한 성도로 분명하게 구별되며 새롭게 살아갈 수 있다면 우리는 하나님께서 베풀어주신 수많은 축복을 누리며 살아가게 될 것입니다.

That's right. If we can live a new life that is clearly distinguished as a child of God and holy Christians, we will live with the many blessings God has bestowed upon us.

그래서 일찍이 사도 요한은 "사랑하는 자여 네 영혼이 잘됨같이 네가 범사에 잘되고 강건하기를 내가 간구하노라"(요삼 1:2)고 했습니다. 영혼 우선주의를 강조했습니다.

So early on, the Apostle John emphasized the soul, "Dear friend, I pray that you may enjoy good health and that all may go well with you, even as your soul is getting along well" (3 John 1:2).

이 시간 성령의 기름 부음으로 여러분의 영혼이 새로워져서 새 사람이 되시기를 축원합니다.
This time I pray that your soul will be renewed and become a new person through the anointment of the Holy Spirit.

그리스도 안의 새로운 피조물
A new creation in Christ

그렇다면 사람이 어떻게 새로워질 수 있습니까?
So how can a person be renewed?

누구든지 예수 그리스도를 믿고 예수 그리스도 안에 있으면 새로운 피조물이 될 수 있습니다.
Anyone can be a new creation if he/she believes Jesus Christ and is in Jesus Christ.

"그런즉 누구든지 그리스도 안에 있으면 새로운 피조물이라 이

전 것은 지나갔으니 보라 새것이 되었도다"(고후 5:17).
"Therefore, if anyone is in Christ, he is a new creation; the old has gone, the new has come" (2 Corinthians 5:17).

남녀노소 지위 고하를 막론하고, 배웠든 안 배웠든, 건강하든 병들었든, 있든 없든 상관없습니다.
Regardless of gender, age, education, or health, it doesn't matter.

누구든지 그리스도 안에 있으면 새로운 피조물이 되고 새로운 삶을 살 수 있습니다.
Anyone who is in Christ can become a new creature and live a new life.

물론 사람이 그리스도 밖에 있더라도 자기의 수양이나 노력으로 어느 정도까지는 깨끗하게 구별된 생활을 할 수 있습니다.
Of course, even if a person is out of Christ, he can live a clean and distinct life to some extent through his discipline and efforts.

다시 말해서 예수 믿지 않고 교회에 다니지 않더라도 나름대로 착하고 바르게 살아갈 수 있습니다.
In other words, even if you do not believe in Jesus or you do

not go to church, you can still live a good, proper life.

그러나 성경은 그런 사람을 가리켜서 새로운 피조물, 새사람이라고 하지 않습니다. 왜냐하면 예수 그리스도에게 창조의 능력이 있기 때문입니다.
However, the Bible does not refer to such a person as a new creation. For Jesus Christ has the power of creation.

하나님은 태초에 말씀으로 우주 만물을 창조하셨고 인간들을 당신의 형상대로 만드셨습니다. 예수 그리스도는 자기가 원하시는 대로 세상을 통치하십니다.
In the beginning God created all things in the universe by the Word, and made the humans in His image. Jesus Christ rules the world according to His will.

예수 그리스도는 우리를 새롭게 하려고 십자가에 못 박혀 죽으셨고 그 십자가의 보혈만이 우리를 새롭게 하는 구원의 능력이 됩니다.
Jesus Christ was crucified to renew us, and only the blood of the cross is the power of salvation to renew us.

그 외에 이 세상의 어떤 방법으로도 새롭게 될 수 없습니다. 그 이유는 우리의 죄 때문입니다.

There's no other way in this world to do as such. It is because of sin.

제가 아는 어떤 분의 아들이 순간적으로 사고를 쳐서 사형선고를 받고 감옥에 들어갔습니다. 그는 그곳에서 죽을 날만 기다렸습니다.

I know of a person's son who committed an accident and was sentenced to death and was waiting for the day he dies.

그런데 그가 감옥생활을 아주 모범적으로 하고 자기 죄를 뉘우쳐서 간수와 재판관에게 인정을 받고 보름 동안 외출 허락을 받았습니다.

He was allowed to go out for a week and a half, because he was very good at prison life.

그는 밖에 나와 양복을 입고 좋은 음식을 먹고 가족과 함께 즐거운 시간을 보냈지만, 보름 뒤에는 다시 감옥에 들어가서 죽음을 기다려야 했습니다.

During this 15-day period, he wore nice clothes and had a good time with his family, having a nice meal, but afterwards, he had to go back to jail and wait for his death.

그렇다면 이 사형수에게 가장 필요한 것이 무엇이겠습니까? 잠시 새 옷 입고 새 차 타고 좋은 음식 먹는 것이 아닙니다.
Then what is the most important thing for this prisoner? It's definitely not wearing new clothes, riding a new car and eating good food for a while.

죄 사함을 받고 자유인이 되는 것입니다. 새 옷도 없고 좋은 음식을 안 먹어도 "당신의 죄가 용서받았습니다."라는 말이 필요한 것입니다.
It is forgiveness of sins and living as a free man. Even if he does not wear new clothes or eat good food, he'd like to hear, 'Your sins have been forgiven.'

그렇습니다. 하나님은 예수 그리스도를 화목제물로 삼아 우리의 죄를 용서해주셨습니다.
Yes. God forgave our sins through Jesus' sacrifice as a fellowship offering.

그가 십자가에 죽으심으로 우리의 죄를 용서해주시고 구원과 영생의 새로운 삶을 주셨습니다.
He forgave us our sins by the death on the cross and gave us a new life of salvation and eternal life.

그러므로 우리는 내 생각, 내 결심, 내 힘으로 새로워지는 것이 아니라, 하나님의 은혜와 그리스도의 십자가 보혈로 새로워지는 것입니다.

Therefore, we are not renewed by our thoughts, determination, or strength, but by the grace of God and the blood of Christ's cross.

그러므로 우리는 예수 그리스도를 믿고 예수 그리스도 안에 거해야 합니다.

Therefore, we must believe in Jesus Christ and dwell in Him.

예수 그리스도를 나의 구주로 영접하고 죄 사함을 받고, 예수 그리스도로 말미암아 거듭날 때 우리가 하나님의 자녀가 되고 새 사람이 되는 것입니다.

When we accept Jesus Christ as our Savior and receive forgiveness of sins and are born again through Jesus Christ, we become a new person of God's children.

우리는 예수 그리스도 안에서 새로운 삶을 살아야 합니다. 거듭난 하나님의 백성이라면 마땅히 새로운 삶을 살아야 합니다.

We must live a new life in Jesus Christ. If we are born again, we ought to live a new life.

누구든지 예수 그리스도 안에 있으면 세상을 살아가는 방법도,

모습도, 가치관도, 세계관도 다 달라져야 합니다.
If anyone is in Jesus Christ, the way of life, appearance, values and worldview must be different.

이 세상이 온통 다르게 보여야 합니다. 모든 것이 새롭게 보여야 합니다.
This world must look different. Everything must look new.

그렇습니다. 이제는 하나님의 영광을 위해서, 하나님 한 분을 기쁘시게 하기 위해서 새로운 삶의 목표와 새로운 기준을 가지고 살아가야 합니다.
That's right. Now, for the glory of God, we must live with a new life goal and have a new standard to please God.

새사람은 모든 삶의 행위가 달라지는 것입니다. 내 삶과 내 생활의 주인이 예수님으로 바뀌었기 때문에 생활 태도와 삶의 모습이 달라지는 것입니다.
The new person must change in his/her behavior in life. Since the owner of our life has been changed due to Jesus, so how we live life should be different as well.

그래서 이제는 하나님의 말씀에 귀를 기울입니다. 하나님의 말씀을 듣고 순종하기를 기뻐하고 좋아합니다.

Now we listen to God's Word. We are happy to hear and obey God's Word.

그렇습니다. 여러분은 이제 옛사람이 아닙니다. 예수님의 십자가 보혈로 새로운 사람이 되었습니다.
Yes. We are no longer an old person. With the blood of Jesus' cross, we became a new man.

그러므로 새로운 모습으로 새생활을 해야 합니다. 지옥으로 내려가는 삶이 아니라, 천국으로 올라가는 삶입니다.
Therefore, we must live a new life with a new look. It is a life that goes up to heaven, not down to hell.

엠마오로 내려가는 삶이 아니라, 예루살렘으로 올라가는 삶입니다. 멸망과 저주의 삶이 아니라, 벧엘로 올라가는 삶입니다.
It is not a life to go down to Emmaus, but a life that goes up to Jerusalem. It is not a life of destruction and cursing, but a life that goes up to Bethel.

이 세상으로 내려가는 삶이 아니라 교회로 올라가는 삶입니다. 새로운 사람은 새생활을 해야 될 줄로 믿습니다.
It is not a life that goes down to this world, but a life that goes up to church. A new person will have to live a new life.

보라, 새것이 되었도다
Behold, all things have become new

김익두 목사님은 1874년 황해도 안악군에서 농민의 외아들로 태어났습니다. 과거에 응시했지만 뜻을 이루지 못하고 상업에 투신했습니다.

Pastor Kim Ik Du was born in 1874 in Anak, Hwanghae Province, as the only son of a farmer. He tried to pass the national exam, but he wasn't successful so he entered the world of commerce.

그것도 잘 되지 않아 여러 번 번민과 갈등 속에서 술집을 자주 찾아 술주정뱅이가 되고 성질도 고약해져서 악명 높은 깡패가 되고 말았습니다.

But that also did not work well. Many times, in a time of distress and conflict, he often became a drunkard, weak, and a notorious bully.

그 당시 그에게 외상 안 준 가게도 없고 외상값 받아본 가게도 없다고 합니다. 그래서 사람들은 출입할 때마다 김익두를 만나지 않기를 기도했습니다.

At that time, he was famous for not paying his purchases. People hoped to not meet him.

그러던 어느 날 그가 시장 바닥을 헤매고 다니다가 어린아이가 건네주는 전도지 한 장을 손에 쥐게 되었습니다.
Then one day he wandered around the market and a little child handed him an evangelism card.

안악교회에서 스왈런 선교사님이 사경회를 인도한다는 안내 전도지였습니다.
In that, the missionary Swallen was leading the service at the Anak church.

청년 김익두의 마음에 성령님이 감동하셔서 그가 그날 밤 몰래 집회에 참석했습니다. 그런데 그날 설교가 영생에 관한 것이었습니다.
The Holy Spirit touched the heart of Kim, and so he attended the meeting secretly that night. But that day, the sermon was about eternal life.

이 세상으로 우리의 인생이 다 끝나버리지 않고 그 뒤에는 반드시 심판이 있으며 영원한 천국이 계속된다는 말씀이었습니다.
It was about how our lives are not over in this world, and that there is always judgment and eternal heaven to follow.

그 말씀을 듣는 순간 김익두의 마음속에 찔림이 있었습니다. 그래서 그는 그 길로 예수 믿기로 작정했습니다.
When he heard that message, he felt a stab in his mind. So he decided to believe in Jesus in that way.

그 후 그는 하나님의 말씀을 열심히 읽었습니다. 10개월 동안 신구약 성경을 100번이나 읽었다고 합니다.
After that, he diligently read God's Word, reading the Bible 100 times in 10 months.

술친구들이 "술 마시러 가자."고 하면 "내가 지금 약을 먹고 있어서 술을 마실 수가 없네."라고 하고, 친구들이 무슨 약을 먹느냐고 물으면 그는 "신약과 구약을 먹고 있어."라고 했습니다.
If a friend asked him to go out to drink, he'd say, 'I cannot drink because I'm taking medicine now.' When his friends asked what medication he was taking, he said he's taking 'the New Testament and the Old Testament.'

마침내 그는 스왈런 선교사님께 세례를 받고 마음속에 뜨거운 감격이 일어나기 시작했습니다.
Finally, he was baptized by missionary Swallen and had a deep gratitude in his heart.

"보라 새것이 되었도다"(고후 5:17). 그는 예수 그리스도 때문에 완전히 새로워진 새사람이 된 자신을 다른 사람에게 보여주며 살았습니다. 오직 예수만을 증거하기 원했습니다.

"The new is here" (2 Corinthians 5:17). He showed the life of a whole new person who has been completely renewed because of Jesus Christ. He wanted to witness only Jesus.

그는 평양신학교를 졸업하고 목사가 되었습니다. 그 후 1950년 6·25때 새벽기도회를 인도하다가 공산당의 총에 맞아 순교하기까지 많은 사람에게 예수를 증거하는 위대한 목사의 삶을 살았습니다.

After graduating from Pyongyang Theological Seminary, he became a minister, leading a prayer meeting at dawn in June 25 1950, and became a great pastor to testify of Jesus to many people until he was martyred by the Communist Party.

한마디로 그의 삶은 "보라 새것이 되었도다"(고후 5:17)의 삶이었습니다. 예수 그리스도 안에서 변화된 새로운 삶을 살았던 것입니다.

In a nutshell, his life was a new life (2 Corinthians 5:17) changed by Jesus Christ as a new man.

그렇습니다. 예수 안에서 새로운 피조물이 된 우리는 새로운 생활을 해야 합니다.

That's right. We, as new creation in Jesus, must live a new life.

화평케 하는 자
Peacemaker

1. 새사람은 화목하게 해야 합니다.
1. The new person must live in peace.

"화평케 하는 자는 복이 있나니 저희가 하나님의 아들이라 일컬음을 받을 것임이요"(마 5:9).

"Blessed are the peacemakers, for they will be called sons of God" (Matthew 5:9).

십자가 복음의 핵심은 화목입니다. 예수 그리스도의 복음을 증거해서 화목케 해야 합니다.

The crucifixion is the key to reconciliation. We must witness and reconcile the gospel of Jesus Christ.

새사람이 된 우리는 예수 안에 있는 생명의 삶, 구원의 삶이기 때문입니다.

We are new people because we possess the life of Jesus. It is a life of salvation.

거룩하고 의로운 삶이기 때문입니다. 다른 사람을 살리는 성령의 삶이기 때문입니다.
It is a holy and righteous life. It is the life of the Spirit who saves others.

예수 안에 있으면 사랑과 희락과 화평과 오래 참음과 자비와 양선과 충성과 온유와 절제의 삶으로 열매를 많이 맺어야 합니다.
If you are in Jesus, you must bear the fruits of the Spirit of love, joy, peace, patience, kindness, goodness, faithfulness, gentleness, and self-control.

그러나 반대로 사탄의 권세 아래 있으면 언제나 원망, 불평, 시비, 시기, 질투, 부정과 싸움입니다.
But on the contrary, if you are under Satan's power, you always grudge, complain, and are jealous and fighting.

그렇습니다. 새사람 된 우리는 옛 생활을 하지 말고 새로운 모습으로 살아야 합니다.
That's right. As a new person, we must live a new life, not an old life.

이제는 하나님의 자녀다운 삶을 살아야 합니다. 우리는 언제 어디에서나 하나님의 아들, 딸입니다.
Now we must live a life of God's children. We are the Son or Daughter of God all the time and anywhere.

세상에서 즐기던 모든 날들, 세상에서 즐기던 어두운 모든 일들을 떨쳐버려야 합니다.
We must shake off all the dark things we enjoyed in the world.

바로 그런 삶이 거듭난 삶입니다. 새사람의 삶입니다. 하나님은 바로 그런 삶에 은혜를 주시고 복을 주셨습니다.
That is the life of a born again. The life of a new person. God gave grace and blessing to that very life.

아브라함, 이삭, 야곱, 요셉, 그리고 수많은 신앙의 영웅들이 거듭난 새로운 삶을 살았습니다.
Abraham, Isaac, Jacob, Joseph, and many heroes of faith lived a new and renewed life.

그들은 화목케 하고 화평케 하는 삶을 살았습니다. 하나같이 양보하는 삶을 살았습니다. 온유하고 겸손한 삶을 살았습니다.
They lived a peaceful life. They lived a life of peace. They lived a gentle and humble life.

세상적으로는 희생하며 손해 보는 삶을 살았습니다. 그들은 참고 참았습니다. 기다리고 기다렸습니다.
They lived a worldly sacrifice and loss. They tolerated and waited patiently.

일찍이 솔로몬은 "악을 꾀하는 자의 마음에는 속임이 있고 화평을 의논하는 자에게는 희락이 있느니라"(잠 12:20)고 했습니다.
Early on Solomon said, "There is deceit in the hearts of those who plot evil, but joy for those who promote peace" (Proverbs 12:20).

그렇습니다. 하나님은 미움과 분쟁과 싸움을 일으키는 사람을 싫어하십니다. 미워하고 증오하십니다.
Yes. God hates those who cause hate and conflict.

그러므로 여러분은 화평을 좋아하고 화평의 열매를 많이 맺으시기 바랍니다.
Therefore, you should love in peace and make a lot of fruit of peace.

성경은 화평하게 사는 삶이 세상적으로 잘 사는 것보다 더 큰 축복이라고 했습니다. 그 큰 축복을 누리기 위해서는 누군가 십자가를 져야 합니다.

The Bible says that living in peace is a greater blessing than living well in the world. In order to enjoy that great blessing, someone has to take a cross.

내가 말을 해서 속이 시원한 것보다는 안 하고 화평한 것이 더 낫습니다. 하고 싶은 말, 할 말 다 하고 살면 안 되지요.
It is better for us to not speak than to speak and not be in peace. You can not live with everything you want to say.

자신은 어떨지 몰라도 그 소리를 듣고 상처받은 심령은 누가 치료합니까? 자기만 괜찮고 속이 시원하면 안 됩니다.
Who heals the wounded heart after hearing hurtful words? It's not okay to say things just to feel relieved.

사람들은 언제나 자기 자신에게는 관대합니다. 그러나 다른 사람에게는 상당히 인색합니다.
People are always generous to themselves. However, it is quite stingy to others.

자기 얼굴은 보름달같이 훤하게 잘생겼다고 하고 친구 얼굴은 찐빵 같다고 하면 그 친구는 뭐라고 하겠습니까?
If you tell a friend that their face looks ugly, what would your friend say back?

"웃기지 마라. 너 얼굴은 더 못생겼다." 할 겁니다. 그래서 화목하지 못하고 불화가 생겨납니다.

'Do not be ridiculous, your face looks uglier.' Hence, it causes quarrel.

내 자녀가 손이 크면 "이야, 장군 손처럼 생겼다."고 하고, 이웃집 아이가 손이 크면 "이야, 도둑놈 손처럼 생겼다."고 하니까 속이 뒤틀리고 싸움이 시작됩니다.

If your child's hand is big, you say it's like a general hand, but if your neighbor's hand is big, you'll say it looks like a thief's hand. So when your mind is twisted and the fight begins.

어떤 사람은 누구와 화해를 하고는 싶은데 상대가 입을 꼭 다물고 있으니 내가 먼저 입을 열 필요가 있느냐고 합니다. 하지만 상대도 똑같이 그렇게 생각합니다.

Some people want to reconcile with someone, but their opponents are closing their mouths. Do I have to open my mouth first? But the other person might think the same way.

그런데 여러분, 이런 마음은 하나님이 주신 마음이 아닙니다. 일찍이 하나님이 우리와 어떻게 화목하게 하셨습니까?

However, this is not the heart of God. How did God reconcile with us earlier?

예수 그리스도를 먼저 우리에게 보내심으로 우리와 화목케 된 것입니다.

We are reconciled by having Jesus Christ sent to us first.

그렇습니다. 화해와 화목은 내가 먼저 손 내밀어야 합니다. 그것이 하나님의 방법이요 하나님의 마음입니다.

That's right. In reconciliation, we need to give our hands first. That is God's way and God's heart.

새사람은 화평을 만드는 생활을 해야 합니다. 예수 안에서 새사람이라고 하면서 어디에서나 분쟁을 일으키고 함부로 말하고 다른 사람을 시험 들게 하는 사람이 있습니다.

The new person must live a life of peace. There are people who say that they're a new man in Jesus but causes conflicts and gossips about others everywhere.

그런 사람은 자기는 교회 다니고 예수 믿는다고 할지 몰라도 아직은 새사람이 아닙니다. 거듭나지 못한 사람입니다.

Such a person may say that he is in church and is a believer, but he is not a new person yet. He is a person who is not born again.

썩은 냄새 나는 옛사람입니다. 그리스도 안에 있는 새사람은 아닙니다. 예수 안에서 새사람이 되었다면 누구에게나 언제 어디에서나 항상 화평의 분위기를 만들어야 합니다.

He is rotten, living the old ways, and not a new man in Christ. If you are a new person in Jesus, you must always create an atmosphere of peace at any time and any place.

사랑하는 성도 여러분! 여러분이 머무는 가정, 직장, 사업, 교회가 여러분 때문에 평화가 넘치기를 주님의 이름으로 축원합니다.

Beloved believers! In the name of the Lord, I pray that the family in which you live, your workplace, your business, your church, is full of peace.

믿음의 능력으로 승리하는 삶
A victorious life through the power of faith

2. 새사람은 믿음의 능력이 있어야 합니다.
2. A new man must have the power of faith.

예수를 믿고 새사람이 되면 새로운 능력, 믿음의 능력이 넘치게 됩니다. 이것은 하나님으로부터 저절로 공급되는 능력입니다.

When you believe in Jesus and become a new person, you will be overflowing with new power, the power of faith. It is the power that comes from God.

그러므로 때때로 힘들고 어려운 시련과 유혹이 있다고 해도 새사람은 그것을 이길 수 있는 놀라운 믿음의 능력이 있습니다.
Therefore, even if there are occasional difficulty, trials, and temptations, the new man has a wonderful ability of faith to overcome it.

따라서 새사람은 힘들고 어려운 일이 있어도 두려워하지 않습니다. 염려하거나 걱정하지 않습니다.
Therefore, do not fear any hardship. Do not worry.

용기를 가지고 일어나 그 믿음의 능력으로 승리합니다.
Rise with courage and win by the power of the faith.

영국의 비평가요 사상가인 존 러스킨이 쓴 『티끌의 윤리』라는 책에는 이런 글이 있습니다. "진흙 덩어리가 하나님의 손에 붙잡혀 쓰임 받을 때 무엇이 될 수 있을까?"
In a book by John Ruskin, a British critic and philosopher, "The Ethics of the Dirt," "What can a mud of clay be when it is used in the hands of God?

"모래와 흙과 불이 하나님의 장중에 붙잡힐 때 사파이어가 될 수 있다. 모래가 하나님의 손에 붙잡힐 때 오팔이 될 수 있다. 맨 흙이 하나님의 장중에 붙잡힐 때 다이아몬드가 될 수 있다."
"Sand, earth, and fire can be sapphire when they are caught in God's hand. When the sand is caught in the hand of God, it can become an opal. It can become a diamond when the earth is caught in God's hand"

그렇습니다. 사람은 누구나 마음먹기에 따라서 달라집니다. 좋게 마음먹으면 좋게 되고 나쁘게 마음먹으면 나쁘게 되는 것입니다.
That's right. Everyone changes according to how they think. It is good when we are positively minded. However, if you think badly, you become bad.

예수 안에서 믿음으로 산다는 것은 무엇이든지 좋게 보고 사는 것입니다. 그러므로 우리가 믿음으로 열심히 살면 잘되고 형통할 줄로 믿습니다.
Living in faith in Jesus is to live and see what is good. So if we live faithfully, we will be good and prosperous.

어느 대학 교수가 강의 시간마다 "내 강의는 어렵기 때문에 반 이상이 낙제할 것이다."라고 말하면서 학생들의 사기를 꺾었습니다.

A university professor said, "My course is difficult so I'm warning you that more than half will fail my class."

그리고 정말 시험문제를 아주 어렵게 내서 그 시험에 반 이상의 학생이 낙제했습니다.

He made the test very difficult. More than half of the tests failed.

그런데 이 교수가 교회에 나가면서 성경이 가르치는 적극적이고 긍정적인 삶의 태도를 깨닫기 시작했습니다.

However, as he went to church, he began to realize the positive attitudes of life taught by the Bible.

"내게 능력 주시는 자 안에서 내가 모든 것을 할 수 있느니라"(빌 4:13).

"I can do everything through him who gives me strength" (Philippians 4:13).

"너희에게 믿음이 겨자씨 한 알 만큼만 있어도 이 산을 명하여 여기서 저기로 옮겨지라 하면 옮겨질 것이요"(마 17:20).

"If you have faith as small as a mustard seed, you can say to this mountain 'Move from here to there,' and it will move" (Matthew 17:20).

그는 그 후부터 학생들에게 "여러분, 내 강의를 잘 들으면 누구든지 A학점을 받을 수 있습니다. 열심히 하세요."라고 격려했습니다.

Then, after realizing, 'Everyone, if you listen to my lecture, anyone can get 'A' grade. So do your best.'

그 이후 정말 학생들의 성적이 좋아졌다고 합니다. 그렇습니다. 예수 안에서 새사람 된 여러분! 믿음의 능력으로 살아가시기를 바랍니다.

Since then, it has been said that students have improved their grades. That's right. As new creation in Jesus! I hope you will live by the power of faith.

"이전 것은 지나갔으니 보라 새것이 되었도다"(고후 5:17). 예수 안에서 믿음의 능력으로 살 때 하나님은 선한 계획으로 많은 열매를 이루십니다.

"The old has gone, the new has come!" When we live by the power of faith in Jesus, God fulfills the good plan and lets you bear many fruits.

예수 그리스도 안에서 거듭난 새사람으로 새로운 목표와 새로운 태도를 가지고 믿음의 능력으로 멋있게 살아서 하나님의 은혜와 축복을 받으시기 바랍니다.

I hope that you will set a new goal as a new born person in Jesus Christ and live a wonderful life with the power of faith with new attitude and receive the grace and blessings of God.

어떤 힘들고 어려운 일이 있어도 결코 낙심하지 말고 예수 그리스도 안에서 변화된 새사람으로, 믿음의 능력으로 살아가시기를 바랍니다.

Do not be discouraged in any difficulties or hardships, but hope that you will live with the power of faith as a new person who has changed in Jesus Christ.

믿음의 능력은 세상을 이깁니다. 거기에 기쁨과 찬송이 있습니다. 평안과 위로가 있습니다. 감사와 은혜가 넘쳐 납니다.

The power of faith overcomes the world. There is joy and praise. There is peace and comfort. Thanksgiving and grace are overflowing.

사랑하는 성도 여러분! 새사람으로서 화목하게 하는 삶, 믿음의 능력이 있는 새로운 삶을 살아가시기를 주님의 이름으로 축원합니다.

Beloved believers! I pray in the name of the Lord that you will reconcile and be renewed as a new person and live a new life with the power of faith.

5

씨 뿌리고 꽃피우는 신앙
A Sowing and Flowering Faith

마가복음 4장 30-32절

"또 이르시되 우리가 하나님의 나라를 어떻게 비교하며 또 무슨 비유로 나타낼까 겨자씨 한 알과 같으니 땅에 심길 때에는 땅 위의 모든 씨보다 작은 것이로되 심긴 후에는 자라서 모든 풀보다 커지며 큰 가지를 내나니 공중의 새들이 그 그늘에 깃들일 만큼 되느니라."

Mark 4:30-32

Again he said, "What shall we say the kingdom of God is like, or what parable shall we use to describe it? It is like a mustard seed, which is the smallest seed you plant in the ground. Yet when planted, it grows and becomes the largest of all garden plants, with such big branches that the birds of the air can perch in its shade."

●

해마다 봄이 되면 고향의 봄이 생각납니다. 노란 개나리꽃이 피고 냇가에는 버들가지 움이 돋고….
This time around we reminisce about the spring of hometown. Yellow forsythia blossoms and willow branches grow on the stream...

봄입니다. 봄에는 씨앗이 새순으로 돋아납니다.
It's spring. In spring, seeds begin to bud.

봄의 특징은 약하디약한 새순들이 두꺼운 나무껍질을 뚫고 나오는 것입니다. 새싹들이 딱딱한 땅을 헤집고 솟아 나옵니다.
The characteristic of spring is that the weak buds come out through thick bark. The buds cross the hard land and spring up.

땅속에 열심히 뿌려 놓았던 씨앗들, 파묻혀 죽은 것처럼 있던 아주 작은 씨앗까지도 봄이 되면 움을 틔워 땅껍질을 툭툭 터뜨리면서 올라옵니다.

The seeds that were carefully sprinkled on the ground, and even the very small seeds that seemed to be dead, burst out and spring up the earth's skin.

나뭇가지도 생명이 있기에 봄이 되면 새순이 나옵니다. 그러나 죽은 씨앗, 생명이 없는 나무는 아무리 기름진 땅에 심어 거름을 주고 가꾸어도 순을 내기는커녕 썩을 뿐입니다.

Branches have life when spring comes. But the dead seed, the tree that does not have life, rots even though it is planted in the fertile ground.

그렇습니다. 이 봄에 예수 그리스도의 생명을 품고 있는 우리들은 새순이 나오게 해야 합니다.

That's right. We who are bearing the life of Jesus Christ this spring should be able to bud out.

그 새순은 무엇을 말합니까? 예수 그리스도 안에서 새로운 결심을 말합니다.

What does the fresh bud signify? It refers to a new resolution in Jesus Christ.

새로운 시작을 말합니다. 새로운 시작, 새로운 결단이 이 봄에 있어야 꽃을 피울 수 있습니다.

It is a new beginning. A new beginning, a new decision must be made in this spring to bloom.

그 행위가 신앙의 성장입니다. 하나님은 이런 사람을 찾으십니다. 하나님은 이런 사람을 자기의 사람으로 삼고 역사를 움직여 가십니다.

That is the growth of faith. God is looking for this kind of person. God makes this kind of person his own and uses him.

아론의 싹 난 지팡이
The sprouted staff of Aaron

이스라엘 백성들이 고달픈 광야 40년 생활을 청산하고 이제 하나님께서 주신 젖과 꿀이 흐르는 땅, 가나안으로 들어갈 준비를 하고 있습니다.

The people of Israel are ready to go into Canaan, a land flowing with milk and honey, which God has given to the people after they have been in the wilderness for 40 years.

그때 그들에게 한 가지 결정해야 할 문제가 있었습니다.

Then there was a problem for them to decide.

그것은 다름이 아니라 이스라엘 열두 지파 중에서 한 지파를 선택해서 제사장을 뽑아 이스라엘의 종교 지도자로 삼는 것입니다. 그 집안이 제사장 가문이 되는 것입니다.

One of the twelve tribes of Israel was to be chosen to be a priest, to be the religious leader of Israel. It was a matter of being a family of priests.

열두 지파 모두는 다 모세의 후계자가 되기 원했습니다. 모두 자기 지파 중에서 제사장이 선출되기를 원했습니다. 왜냐하면 그 당시 제사장은 권한이 막강했기 때문입니다.

All the tribes wanted to be Moses' successor. All wanted a priest to be elected from their own tribes. It was because at that time the priest had authority.

현대판으로 말하자면 행정, 입법, 사법, 삼권을 다 움켜쥐고 있는 권력입니다.

Speaking in modern terms, it is the authority holding administrative, legislative, judicial powers.

당시는 신정 정치가 이루어졌던 시대였기에 제사장은 백성을 위해 제사를 드렸으며, 하나님의 말씀을 전하는 동시에 백성을 통치했습니다. 또한 백성을 재판하는 권한도 가지고 있었습니다.

Since it was the time when the mediator governed, the priest offered sacrifices for the people, the priest had the authority to judge the people, to proclaim the word of God, and to rule the people.

그러므로 모세는 이 엄청난 권리를 행사하는 제사장을 어떤 지파에서 뽑을까 고민하면서 하나님께 이 문제에 대해 특별히 기도했습니다.

Therefore, Moses especially prayed to God about this issue, considering from which tribe would the priest be chosen to exercised this immense right.

그때 하나님께서는 모세에게 한 방법을 가르쳐 주셨습니다.

At that time, God led Moses to do one thing.

어느 날 모세는 열두 지파를 불러서 그 열두 지파 중에서 대표자를 뽑았습니다. 그리고 그들의 지팡이를 모으고 그 지팡이에 각 지파 대표의 이름을 적게 했습니다.

One day Moses called the twelve tribes and chose representatives from each tribe to gather their staffs and write down their names on each staff.

그런 다음 그 열두 지팡이를 하루 동안 제단의 법궤 앞에 두게 했습니다.

And they put the twelve staffs in front of the ark for a day.

그런데 다음 날 아침, 열두 지팡이 중에서 레위 지파의 대표인 아론의 지팡이에만 이상한 현상이 나타났습니다.
The next morning, among the twelve staffs, only Aaron's staff, the representative of the tribe of Levi, showed a strange phenomenon.

"아론의 지팡이에 움이 돋고 순이 나고 꽃이 피어서 살구 열매가 열렸더라"(민 17:8). 봄의 역사가 일어난 것입니다.
"the staff of Aaron for the house of Levi had sprouted and put forth buds and produced blossoms, and it bore ripe almonds" (Numbers 17:8). Miraculous work of spring had been manifested.

결국 이 기이한 현상을 보고 모세는 이 지팡이의 주인인 아론이 속한 레위 지파를 택해서 하나님의 제사장 지파가 되게 했습니다.
Eventually, when he saw this strange phenomenon, Moses took Aaron from the tribe of Levi, the owner of this staff, and appointed him to be the priest of God.

다시 말해서 봄과 같은, 봄의 날씨가 깃든 그 지파를 이스라엘의 지도자 지파로 삼았습니다. 앞으로 이스라엘에게 구원과 축복을 주는 제사장 지파가 되게 한 것입니다.

In other words, the tribe of spring was appointed to be the leader of Israel. They became the tribe that would give salvation and blessing to Israel.

그렇습니다. 예수 그리스도를 믿는 우리들 마음속에도 아론의 지팡이처럼 새순이 움터야 합니다.
That's right. Those of us who believe in Jesus Christ need to put forth buds in our hearts just like it did in Aaron's staff.

꽃을 피울 수 있어야 합니다. 향기를 낼 수 있어야 합니다. 그리고 새로운 열매를 맺게 해야 합니다.
We should bloom. We should be fragrant. And we have to bear new fruit.

하나님의 능력과 은혜와 축복은 봄과 더불어 새순을 틔우는 자에게 나타나는 것입니다.
God's power, grace, and blessing are manifested to those who sprout and put forth buds in spring.

봄은 우리로 하여금 새로운 시작을 하도록 요구합니다. 봄은 새로운 결단을 하도록 재촉합니다. 정신 차리라는 것입니다. 영적으로 깨어나라는 것입니다.

Spring requires us to start a new beginning. Spring urges us to make a new decision. We ought to be alert. We need to awake spiritually.

봄 날씨처럼 여러분의 마음에 신비스러운 변화가 일어나기를 바랍니다.
I hope that amazing transformation would take place in your hearts like springtime.

대지를 뚫고 나오는 새순처럼, 그리스도의 새 생명을 움트게 해서 새로운 결단과 새로운 시작이 있기를 주님의 이름으로 축원합니다.
I pray in the name of the Lord that there would be a new beginning as you make a new decision by sprouting a new life in Christ like a new bud that comes out through the ground.

양심의 경고를 들어라
Listen to the warning of the conscience

사람다운 사람, 성도다운 성도가 되는 것은 참으로 어렵고 중요합니다.
Though its hard, it is important to be a humane person and a

genuine member of the church.

이런 말이 있습니다. "꿩을 못 잡아도 매는 매다." 그러나 매는 꿩을 잡아야 진짜 매라고 할 수 있습니다.

There is a saying. A hawk is a hawk regardless whether it can catch a pheasant. However, a hawk must be able to catch a pheasant to be called a hawk.

예수 그리스도를 믿는 우리는 달라야 합니다. 교회만 다니는 종교 매너리즘에 빠진 형식적인 성도가 되어서는 안 됩니다.

Those of us who believe in Jesus Christ must be different. We ought not to become a member who simply comes to church and falls into the religious tradition.

봄에 열심히 씨앗을 심고 꽃을 피워야 합니다. 무엇이든지 열심히 해야 합니다.

Because it is spring, we have to plant seeds diligently and bloom. We need to give our all in whatever we do.

그런가 하면 한편으로는 봄이기 때문에 세상의 유혹도 많습니다. 세상의 유혹을 경계해야 합니다. 자칫하면 유혹에 빠지고 시험에 들 수 있기 때문입니다.

Since it is spring, there are many temptations in this world.

We must be alert and be aware of those temptations. This is because we can fall into temptation.

유명한 신학자 본회퍼가 쓴 『유혹』이라는 책에 보면 죄악이 우리에게 침투해 들어올 때 우리 마음에 울리는 경고, 혹은 경보가 있습니다. 그런데 한편으로는 그것을 무시하려는 생각도 있는데 그것이 가장 큰 유혹이라는 것입니다.
In the book 'Temptation' written by the famous theologian Bonhoeffer, it says that a warning and an alarm sounds in our hearts when sin infiltrates us. And the idea to ignore that is the greatest temptation.

그렇습니다. 우리는 성령의 사람들입니다. 예수 그리스도의 영으로 거듭난 사람들입니다.
That's right. We are people of the Spirit. We are people who are born again by the Spirit of Jesus Christ.

신앙의 양심이 있는 자들입니다. 성별된 거룩한 자들입니다.
We have a conscience of faith. We are people who have been consecrated, holy people.

그러므로 유혹이 오고 죄악이 가까이 올 때 내 양심이 내 마음속에 울리는 경고, 경보를 들을 줄 알아야 합니다. 그것을 무시하면 우리는 죄를 짓게 됩니다.

Therefore, when temptation comes and sin comes near, our conscience must know the warning alarm that rings in our heart. If we ignore it, we will sin.

그래서 다윗은 "내가 주께 범죄하지 아니하려 하여 주의 말씀을 내 마음에 두었나이다"(시 119:11)라고 고백했습니다.

So David confessed, "I have stored up your word in my heart, that I might not sin against you" (Psalm 119:11).

또한, 여호수아에게도 하나님이 말씀하셨습니다.

Joshua confessed as well.

"오직 강하고 극히 담대하여 나의 종 모세가 네게 명령한 그 율법을 다 지켜 행하고 우로나 좌로나 치우치지 말라 그리하면 어디로 가든지 형통하리니 이 율법책을 네 입에서 떠나지 말게 하며 주야로 그것을 묵상하여 그 안에 기록된 대로 다 지켜 행하라 그리하면 네 길이 평탄하게 될 것이며 네가 형통하리라"(수 1:7-8).

"Only be strong and very courageous, being careful to do according to all the law that Moses my servant commanded you. Do not turn from it to the right hand or to the left, that you may have good success wherever you go" (Joshua 1:7-8).

그렇습니다. 이 봄에 우리는 열심히 씨 뿌리고 꽃을 피우되 조심해야 합니다.

That's right. In this spring, we must sow seeds diligently and bloom, but also be careful.

깨어 정신 차리고 주님을 섬겨야 합니다. 시험에 빠지지 말아야 합니다. 말씀으로 쓴 뿌리를 뽑고 작은 여우를 잡아야 합니다.

We must wake up and serve the Lord. We ought not to fall into temptation. It is necessary to take out the bitter roots and catch the little fox with the Word.

예수 그리스도의 이름으로 가정에서나 교회에서나 여러분의 심령에 쓴 뿌리가 스며들지 않게 하고 작은 여우를 쫓아야 합니다.

Whether in the household, in the church, or in your heart, we ought to take out the bitter roots and catch the little fox in the name of Jesus Christ.

이 봄에 우리는 열심히 씨를 뿌리고 열심히 꽃을 피워야 합니다. 힘들고 어려워도 적극적인 자세로 현실을 극복하며 하나님을 더욱 의지하고 믿음으로 열심히 살아야 합니다.

In this spring, we must diligently sow seeds and bloom. Even though it is difficult, we must overcome reality with an active attitude, we need to depend more on God and live more faithfully.

공짜는 없다
Nothing is free

서울여대 정구영 총장이 쓴 『공짜는 없다』라는 책에 보면 백성들을 참으로 사랑하는 어진 왕이 있었습니다.

There was a king who really loved the people of his nation in the book "Nothing is free" written by Chung Gu-young, the president of Seoul Women's University.

그는 백성들에게 가르칠 최고의 지혜를 얻기 위해 학자들을 불러 모아 놓고 세계를 다니면서 최고의 지혜를 찾아오라고 했습니다.

The king gathered scholars and told them to go around the world and find the superlative wisdom in order to teach the people of his nation.

학자들의 오랜 수고와 노력으로 열두 권의 책이 만들어졌습니다. 참으로 귀하고 주옥같은 지혜로 가득 찬 글들이었습니다.

Twelve books were written through long and hard effort. Indeed, it was a book filled with precious and gifted wisdom.

왕은 너무나 기뻤습니다. "이 책들은 분명히 세계 최고의 지혜서요 보물이다."

The king was so happy. "These books definitely contain the world's best wisdom."

그런데 왕이 생각해보니 너무 분량이 많아서 백성들이 언제 어떻게 이 열두 권의 책을 다 읽을 수 있을까 싶었습니다. 그래서 그 내용을 줄여보라고 했습니다.

But the king thought they were too long and wondered if people could read these twelve books? He asked them to condense it.

드디어 열두 권의 책이 한 권의 책으로 줄여졌고, 한 권의 책이 다시 한 챕터의 글로 줄여졌으며, 한 챕터의 글이 다시 한 페이지로 줄여졌습니다.

Finally, the twelve books were condensed into one book, one book was condensed into one chapter, and one chapter was condensed into one page.

한 페이지로 줄어든 글을 읽으면서 왕은 그것을 한 마디로 줄여보라고 했습니다.

As he read the text, the king asked them condense it into a phrase.

다시 학자들이 모여서 오랫동안 숙고하고 논의한 끝에 그 내용을 한 마디로 줄였습니다. 그 한 마디가 무엇이었을까요? "공짜는 없다."는 것이었습니다.

Again, the scholars gathered and condensed it into a phrase at the end of their long deliberation. What is that phrase? "Nothing is free."

그렇습니다. 인생에 있어서 공짜란 없습니다. 저절로 우연히 그냥 되는 것이 없습니다.

That's right. Nothing is free in life. Nothing happens by chance.

그래서 인생은 땀과 수고와 노력으로 열심히 살아야 합니다. 노는 것을 좋아하고 편한 것을 좋아하면 안 됩니다.

So we ought to work hard and be diligent when we live. We should not enjoy playing and being comfortable.

성경에도 여러 번 인생의 게으름을 경고하고 있습니다.

The Bible warns us of the laziness of life several times.

"누구든지 일하기 싫어하거든 먹지도 말게 하라"(살후 3:10)고 했습니다.

"If anyone is not willing to work, let him not eat" (2 Thessalonians 3:10).

그러므로 인생은 누구나 주어진 삶을 열심히 살아야 합니다. 부지런히 살아야 합니다.
Therefore, everyone needs to live zealously for life has been given. We must live diligently.

주어진 인생을 최선을 다해 살아야 합니다. 우리가 열심히 수고해서 씨를 뿌려 놓으면 때가 되어 꽃이 필 줄로 믿습니다.
We have to live our life as best as we can. If we work hard on something and plant seeds, flowers will bloom when the time comes.

세계 제2차 대전 때 영국 런던에는 하루에도 수천 대의 독일 폭격기들이 날아와서 런던을 폭격했습니다.
In World War II, thousands of German bombers flew to London and bombed London every day.

그런데 전쟁이 끝나고 런던 시가지에는 못 보던 꽃들이 피기 시작했습니다. 그 꽃들은 원래 영국에는 없는 종류의 꽃이었습니다.
But after the war, strange flowers began to bloom in the streets of London. The flowers were flowers that were not originally found in England.

이상해서 조사를 해보니 그 꽃들은 뉴질랜드 해안가에서 많이 자라나는 꽃이었습니다. 수백 년 전에 꽃씨들이 바닷물에 흘러들어 영국 런던까지 와서 땅속에 파묻혀 있다가 폭격을 당할 때 땅이 뒤집히면서 꽃이 피게 된 것입니다.

Through research they found out that the flowers were originally from New Zealand and they used to grow near the beaches hundreds of years ago. But the seeds of the flower flowed and were buried in the ground of London, England, and when the bombardment was over, the ground flourished with the flowers.

이것은 이상하고 신기한 일이 아닙니다. 심긴 씨앗은 언젠가는 싹이 트고 꽃을 피우게 되어 있습니다.

It is not strange and mysterious; the planted seeds will someday bud and bloom.

그렇습니다. 인생도 마찬가지입니다. 우리의 삶과 신앙생활도 마찬가지입니다.

That's right. The same applies in life. Our lives and faith as well.

지금까지 우리 모두는 인생을 살아오면서 주님을 위해서, 교회를 위해서, 우리 자신과 가족과 이웃을 위해서 사랑의 씨앗, 믿음의 씨앗, 헌신의 씨앗, 충성의 씨앗, 여러 가지 신앙의 씨앗들을 많이 심었습니다.

Until now, all of us have been planting a lot of seeds for our Lord, for the church, for ourselves, our family, and our neighbors; the seeds of love, the seeds of faith, the seeds of devotion, the seeds of faithfulness and the seeds of faith.

그리고 지금도 열심히 심고 있습니다.

And we are continuing to plant seeds now as well.

그런데 여러분! 심은 것은 반드시 때가 되면 꽃이 피고 열매 맺을 것입니다. 이것을 믿고 확신하시기 바랍니다.

But everyone! Please be sure to believe that when the time comes, flowers will bloom and bear fruit.

우리가 하는 신앙의 모든 행위는 하나의 씨앗이기 때문입니다.

Because we believe that every act of faith is a seed.

씨를 뿌리면 반드시 거둔다
You will reap when you sow

성경에 보면 씨 뿌리는 비유가 많이 나옵니다. 씨앗을 땅에 뿌려 놓으면 나중에 꽃이 핀다는 것입니다. 지극히 당연한 진리입니다.

In the Bible, there is a parable of the sower. Sprinkling the seeds on the ground means that the flowers will bloom later. It is a very natural truth.

오늘 겨자씨 비유를 비롯해서 씨 뿌리는 비유, 포도원 열매 맺는 비유, 한 알의 밀알 비유, 무화과나무의 비유 등은 모두 다 우리의 영적 생활 원리를 가르쳐주는 비유들입니다.
Today, the parable of mustard seeds, the parable of the sower, the parable of the vineyards, the parable of the grain of wheat, and the parable of the fig tree are all analogies that teach us spiritual principles.

그 비유들은 하나같이 "씨앗을 심으면 꽃이 피고 열매를 맺으리라."고 말합니다.
They all say, "If you plant a seed, it will bloom and bear fruit."

그래서 농부가 가장 귀하게 여기는 것이 무엇입니까? 씨앗입니다. 씨앗을 뿌리면 30배, 60배, 100배의 꽃이 피고 열매를 맺기 때문에 씨앗이 아주 소중합니다.
So what is the most valuable thing for a farmer? Seeds. Seeds are very important because 30, 60, and 100 times flowers bloom when they are sown.
그래서 농부는 씨앗을 심을 때 정성을 다해서 심습니다. 심어 놓은 다음에도 농부는 그 씨앗이 잘 자라나서 꽃이 필 때까지 여러 가지 걱정을 합니다.

So the farmer always plants a seed with care. And even after planting, the farmer worries about a few things until the seeds grow up and become flowers.

혹시 이 씨앗이 썩지나 않을까 해서 비가 많이 오면 오는 대로, 비가 안 오면 안 오는 대로 걱정합니다.

Would not this seed rot? They are worried whether it rains or not.

또 새싹이 나온 뒤에도 잡초 때문에 잘 자라지 못할까, 태풍이나 기후의 변동으로 잘못되지는 않을까 염려하게 됩니다.

Even when it starts budding, they are concerned about the weeds and the storm and wonder, "what if something happens?"

꽃이 피고 열매를 맺을 때까지 농부는 많은 생각을 합니다.

They have many thoughts until the flowers bloom and bear fruit.

그러나 그런 가운데서도 늘 하나의 가능성을 믿음으로 바라봅니다. 이러한 여러 가지 염려의 조건 가운데서도 꽃이 피고 열매를 맺으리라는 가능성을 믿는 것입니다.

In the midst of that, we are always looking at one possibility with faith. In the midst of various concerns, we believe that the flower will bloom and bear fruit.

그 가능성을 믿기 때문에 농부들은 봄철에 씨앗을 뿌리는 것입니다.

Because they believe in that possibility, farmers are planting seeds in spring.

그렇습니다. 농부들이 여러 가지 불완전한 여건 가운데서도 꽃 피는 성공에 대한 믿음의 확신을 가지고 열심히 씨를 뿌리는 것처럼 우리들의 신앙생활도 꽃피는 그 날을 바라보며 믿음으로 확신하며 살아가야 할 것입니다.

That's right. As farmers sow their seeds with confidence and faith that the flower will bloom even though there are many factors and make them anxious, we ought to live with confidence through faith that our faith will bloom one day.

우리 믿는 성도들의 행위는 모두가 다 위대한 축복을 전제하고 있습니다. 비록 겨자씨만 한 믿음이라도 산을 옮길 수 있다는 것입니다.

All of the acts of the believers are reprinted with great

blessings. Faith as small as a mustard seed can move mountains.

세상 사람들이 시시하게 생각하고 무시해버리는 작은 일이라도 참으로 우리가 믿음으로 행하면 꽃피는 축복의 삶이 있습니다.
Even though the world might see it so small and even look down on it, our lives will be blessed and bloom flowers if we do it with faith.

그래서 예수님께서도 지극히 작은 겨자씨 한 알이라도 땅에 떨어져 심기면 그것이 자라서 새가 쉴 수 있는 큰 나무가 된다고 말씀하셨습니다.
So Jesus said that even an extremely small mustard seed, when planted on the ground, grows up and becomes a large tree where the bird can rest.

그러므로 우리가 부지런히 씨앗을 심고 정성을 다해서 가꾸기만 하면, 반드시 100배, 60배, 30배의 열매를 맺을 것입니다.
Therefore, if we diligently plant seeds and cultivate them with care, we will surely produce 100, 60 and 30 times of the blooming fruit.

믿음으로 살면서 열심히 씨를 뿌리는 사람은 때가 되면 꽃이 피는 것처럼 언젠가는 반드시 우리의 생활 속에 아름다운 꽃이 피게 될 줄 믿습니다.
As those who sow diligently with faith bloom with flowers, wonderful flower will bloom in our life one day.

그래서 성경은 믿음의 행위는 하나의 씨앗이라고 했습니다.
So the Bible says that the act of faith is like a seed.

사랑하는 성도 여러분! 믿음의 행위를 씨앗 심듯이 열심히 심어서 꽃이 피는 그 날을 바라보며 살아가기를 주님의 이름으로 축원합니다.
Beloved believers! I pray in the name of the Lord that you will live by looking forward to the day when the flowers will bloom, planting the works of faith diligently as seeds.

그런데 모든 씨앗은 심을 때가 있습니다. 제 때에 심어야 합니다.
But there is a season for every seed. We have to plant it on time.

농부가 아무 때나 씨앗을 뿌리는 것이 아닙니다. 인생에는 시기가 있습니다. 소년기, 청년기, 장년기…. 그 시기가 중요합니다.
Farmers do not sow seeds at any time. There is timing in life. Childhood, adolescence, adulthood… Timing is important.

이것은 하나의 기회입니다. 과거도 아닙니다. 미래도 아닙니다. 현재입니다. 오늘이 중요합니다. 오늘 해야 할 일은 반드시 오늘 하시기 바랍니다.

One chance. Not the past. It is not the future either. Present. Today is important. Please do what you need to do today.

신앙생활을 하다 보면 교회생활과 믿음생활에 열심이 생길 때가 있습니다. 그때를 놓치지 마시기 바랍니다.

When we live our spiritual life, we sometimes become zealous. Please do not miss that time.

주의 음성이 들릴 때가 있습니다. 성령의 감동이 있을 때가 있습니다.

God's voice may be heard. There are times when the Holy Spirit leads you.

'내가 이렇게 예수 믿으면 안 되지. 성경도 많이 읽고, 기도생활도 열심히 해야지. 내가 감사하며 살아야지. 내가 누구를 용서해야지. 내가 누구를 사랑해야지.' 그런 마음이 들 땐 그 즉시 해야 합니다.

I should not believe in Jesus in this manner, I need to read the Bible a little more and pray hard, I should live with thanksgiving, I need to forgive so and so, I need to love so and so. We need to put them into practice when we have these desires.

그때를 놓치면 안 됩니다. 성령의 기름 부음으로 우리의 마음이 동할 때가 있습니다.
Do not miss that time. Our hearts move through the anointing of the Holy Spirit at times.

봉사나 헌신이 하고 싶을 때, 그때 즉시 하면 반드시 꽃이 필 줄로 믿습니다.
When you want to serve or devote, flowers will bloom when you do them immediately.

사랑으로 심을 때
When sowing with love

'내 마음이 메마를 때면'이라는 시에는 이런 구절이 있습니다.
In a poem, "When My Heart was Dry," it says,

"내 마음이 메마를 때면 나는 늘 남을 보았습니다. 남이 나를 메마르게 하는 줄 알았기 때문입니다.
"When my heart was dry, I always saw others. Because I

thought that others made me dry.

그러나 이제 보니 내가 메마르고 차가운 것은 남 때문이 아니라 내 속에 사랑이 없었기 때문입니다.
But now I see that I was dry and cold not because of others but because there was no love in me.

내 마음이 외로울 때면 나는 늘 남을 보았습니다. 남이 나를 버리는 줄 알았기 때문입니다.
When my heart was lonely I always saw others. I thought that someone had abandoned me.

그러나 이제 보니 내가 외롭고 허전한 것은 남 때문이 아니라 내 속에 사랑이 없었기 때문입니다.
But now I see that I was lonely and empty not because of others, but because there was no love in me.

내 마음에 불평이 쌓일 때면 나는 늘 남을 보았습니다. 남이 나를 불만스럽게 하는 줄 알았기 때문입니다.
When I complained in my heart, I always saw others. I thought that others were displeasing me.

그러나 이제 보니 나에게 쌓이는 불평과 불만은 남 때문이 아니라 내 속에 사랑이 없었기 때문입니다."
But now I see that I had complaints not because of others but because there was no love in me."

여러분! 살아온 지난날을 돌이켜볼 때 어떤 일이 보람된 일이었습니까? 사랑하며 살았던 것뿐입니다.

Everyone! What was rewarding when we look back on our past days? It was living with love.

무엇인가 사랑으로 했던 일, 그것이 보람이요 자랑입니다.

What I did with love, that was rewarding.

그러나 남을 미워하고 남의 마음을 아프게 하고 남에게 상처를 준 일은 그 당시에는 잘했다고 할지라도 끊임없이 후회하게 됩니다. 왜요? 사랑하지 못했기 때문입니다.

But if you hate and hurt others, you will regret constantly even if you did well at that time. Why? Because we failed to love.

다윗이 어떤 사람입니까? 그는 마음에 사랑이 있는 사람입니다.

What is David like? There was love in his heart.

그는 사울 때문에 10여 년간 가족도 잃어버렸습니다. 자신도 죽느냐 사느냐 하는 생사의 문제에 시달렸습니다.

He could not see his family for 10 years because of Saul. He was afflicted with the question of whether he was going to die or live.

이유 없이 많은 고난을 당했습니다. 그런데 마침내 그 원수를 죽일 기회가 찾아온 것입니다.
He suffered for no reason. and the opportunity to kill the enemy had come.

그냥 죽이기만 하면 됩니다. 스스로 굴러 들어온 것입니다.
He just had to kill him. It was the perfect opportunity.

요즘은 하나님의 뜻이 아닌 것도 하나님의 뜻이라고 우기는 사람이 많은데, 이것이야말로 정말 하나님의 뜻이 아니겠습니까?
There are many people who argue that something is God's will when it's clearly not, but wasn't this a God-given opportunity?

그런데 다윗은 달랐습니다. 그것이 내게 아무리 유익이 된다고 해도 '사랑으로' 재어보고 '사랑으로' 달아보니 안 맞더라는 것입니다.
But David was different. No matter how beneficial it may be to him, he thought about it with love again and again. And it wasn't the right thing to do.

그래서 다윗은 그 순간을 잘 넘겼습니다. 그리고 나중에 사울왕에게 증거를 보여 주기 위해 왕의 옷자락을 조금 베었습니다.
So David passed the moment well. Later he cut a little of the

king's robe to show the evidence to king Saul.

다윗은 사울왕이 내려간 후에 큰소리로 외칩니다.
King Saul went down and David shouted.

"왕이여, 조금 전에 어디에 다녀가셨습니까? 왕의 옷자락을 보십시오. 모두가 당신을 죽여야 한다고 했지만 나는 당신을 사랑합니다."
"My lord the king! Where have you been a while ago? See the corner of your robe in my hand. Everyone told me to kill you, but I love you."

사랑은 이렇습니다. 그가 나를 사랑한다고 사랑하는 것이 아니라 내가 그를 사랑하기 때문에 사랑하는 것입니다. 그 이유밖에 없습니다.
This is what love is. You don't love someone because that person loves you first. But love is the only reason I love someone.

나에게 있는 사랑으로 사랑하는 것입니다. 남의 사랑을 가지고 사랑하는 것은 가짜입니다.
Loving with the love that is in you is true love. Loving others with other people's love is false.

이 세상이 미움으로 가득 차 있어도 내가 사랑하는 사람은 사랑하는 것입니다. 그렇습니다. 문제는 내 마음입니다. 내 마음에 믿음이 있느냐, 사랑이 있느냐 하는 것입니다.

Even though this world is filled with hate, one loves those whom he loves. That's right. The problem is my heart. Is there faith in your heart? Is there love in your heart?

내가 어떤 모습으로 어떻게 사느냐에 따라 달라지는 것입니다. 우리가 매사에 씨앗을 뿌리고 꽃피우는 믿음으로 살면 언제 어디서든지 하나님의 축복을 받을 줄로 믿습니다.

It depends on how I look and how I live. God will bless those who sow seeds and bloom through faith at all times.

우리가 주어진 인생을 살다 보면 다른 사람과 비교될 수 있습니다.

When we live our lives, we can compare ourselves with others.

'다른 사람은 모든 것이 잘되고 성공하는데 나는 이게 뭐냐? 되는 일이 없구나.' 하고 낙심할 수 있습니다.

Everyone else is doing well and succeeding. What about me? Nothing goes well for me, I cannot do anything but to be discouraged.

이민자들도 처음 미국에 올 때 자신에게 주신 꿈과 비전을 벌써 이룬 사람도 있지만 아직 못 이룬 사람도 많습니다.
Some people have already achieved their dreams and visions that hey had when they first came to the United States, but many still have not.

인간의 눈으로 보면, 그것이 불가능해 보일 때가 많습니다. 우리 힘으로는 안 될 것 같습니다. 힘들어 보입니다.
From a human perspective, it often seems impossible. It is not possible with our strength. It seems difficult.

그래서 낙심하고 좌절합니다. 포기하고 싶습니다.
So we become disappointed and frustrated. We want to give up.

그래서 성경은 믿음의 눈으로 살라고 합니다. 네 힘을 의지하지 말고 하나님을 신뢰하면 도와주리라고 합니다.
Live with the eyes of faith. Do not depend on your strength, but trust God. Then He will help you.

우리가 열심히 씨 뿌리고 꽃피우는 신앙으로 하나님의 능력을 끝까지 신뢰하면 기적이 일어납니다. 세상이 달라집니다. 그것이 하나님의 역사입니다.

A miracle happens when we trust in the power of God with a sowing and flowering faith. The world changes. That is the work of God.

어떤 일이 있어도 낙심하지 말고 끝까지 하나님 편에 서서 하나님을 의지하고 신뢰하면서 열심히 살면 축복의 역사는 일어나는 줄로 믿습니다.
Do not be discouraged no matter what; if we stand firm with God and depend on him, there will be blessings.

고난 중에 있어도 더욱 하나님을 찾고 하나님을 바라보며 끝까지 하나님의 능력을 의지하고 신뢰하시기 바랍니다.
Even in the midst of suffering, seek God more, look to God, trust in God's power to the end.

일순간 실패한 것처럼 보여도 그것은 실패가 아닙니다.
Even if it seems to be a failure for a moment, it is not a failure.

하나님 앞에 실패는 없습니다. 하나님 안에서의 실패란, 우리의 사고방식을 다시 한번 바꾸어서 도전해 보라는 뜻입니다.
There is no failure before God. Failure in God means changing our way of thinking once again and challenging.

하나님 안에서의 실패란, 성공할 수 없다는 뜻이 아니라 성공을 위해서 대가를 지불하고 시간을 기다리라는 뜻입니다.
In God, failure is not about not being successful but about paying for success and waiting for time.

하나님 안에서의 실패란, 하나님이 기도에 응답하시지 않는 것이 아니라 하나님이 더 좋은 아이디어로 인도하신다는 뜻입니다.
Failure in God does not mean that God does not respond to prayer, but God leads to a better idea.

그렇습니다. 그 어떤 어려움이 있어도 하나님은 우리를 통하여 씨를 뿌리고 꽃피우고 열매 맺는 일을 하기 원하십니다.
That's right. No matter what hardships you go through, God wants to use us to sow seeds and bloom flowers.

여러분이 이민생활 하는 동안 얼마나 많은 눈물을 흘렸습니까? 시간을 쪼개가며 뼈가 부서지도록 일하지 않았습니까?
How many times did you cry during your life as an immigrant? Haven't you worked to the point that your bones felt like crushing juggling two or three jobs?

자녀들을 위해서 최선을 다하지 않았습니까? 나름대로 이 모양 저 모양으로 열심히 살지 않았습니까? 그런데 아직도 열매가 눈에 안 보인다고 속상해하지 마시기 바랍니다.

Haven't you done your best for your children? Haven't you worked hard? But do not be upset even if you still do not see the fruit.

사랑하는 성도 여러분! 봄입니다. 다시 한번 열심히 씨를 뿌리고 아름다운 꽃을 피우는 신앙으로 승리하시기를 주님의 이름으로 축원합니다.

Beloved believers! It's spring. I pray again in the name of the Lord that you would be victorious through your sowing and flowering faith once again!

복의 근원이 되라
You will be a blessing

창세기 22장 9-18절

"하나님이 그에게 일러 주신 곳에 이른지라 이에 아브라함이 그 곳에 제단을 쌓고 나무를 벌여 놓고 그의 아들 이삭을 결박하여 제단 나무 위에 놓고 손을 내밀어 칼을 잡고 그 아들을 잡으려 하니 여호와의 사자가 하늘에서부터 그를 불러 이르시되 아브라함아 아브라함아 하시는지라 아브라함이 이르되 내가 여기 있나이다 하매 사자가 이르시되 그 아이에게 네 손을 대지 말라 그에게 아무 일도 하지 말라 네가 네 아들 네 독자까지도 내게 아끼지 아니하였으니 내가 이제야 네가 하나님을 경외하는 줄을 아노라 아브라함이 눈을 들어 살펴본즉 한 숫양이 뒤에 있는데 뿔이 수풀에 걸려 있는지라 아브라함이 가서 그 숫양을 가져다가 아들을 대신하여 번제로 드렸더라 아브라함이 그 땅 이름을 여호와 이레라 하였으므로 오늘날까지 사람들이 이르기를 여호와의 산에서 준비되리라 하더라 … 여호와께서 이르시기를 내가 나를 가리켜 맹세하노니 네가 이같이 행하여 네 아들 네 독자도 아끼지 아니하였은즉 내가 네게 큰 복을 주고 네 씨가 크게 번성하여 하늘의 별과 같고 바닷가의 모래와 같게 하리니 네 씨가 그 대적의 성문을 차지하리라 또 네 씨로 말미암아 천하 만민이 복을 받으리니 이는 네가 나의 말을 준행하였음이니라 하셨다 하니라."

Genesis 22:9-18

When they reached the place God had told him about, Abraham built an altar there and arranged the wood on it. He bound his son Isaac and laid him on the altar, on top of the wood. Then he reached out his hand and took the knife to slay his son. But the angel of the LORD called out to him from heaven, "Abraham! Abraham!" "Here I am," he replied. "Do not lay a hand on the boy," he said. "Do not do anything to him. Now I know that you fear God, because you have not withheld from me your son, your only son." Abraham looked up and there in a thicket he saw a ram caught by its horns. He went over and took the ram and sacrificed it as a burnt offering instead of his son. So Abraham called that place The LORD Will Provide. And to this day it is said, "On the mountain of the LORD it will be provided." ... "I swear by myself, declares the LORD, that because you have done this and have not withheld your son, your only son, I will surely bless you and make your descendants as numerous as the stars in the sky and as the sand on the seashore. Your descendants will take possession of the cities of their enemies, and through your offspring all nations on earth will be blessed, because you have obeyed me."

●

지난날 우리 한국 교회는 '복'이라는 개념을 이해할 때 기복 사상으로 많이 이해했습니다.

When understanding the notion of 'blessing,' the Korean church has interpreted it with ambitious ideas.

과거 우리의 조상들은 복을 '오래 살고, 부자 되고 성공하고 출세하고, 자식 많이 낳는 것, 특히 아들 많이 낳는 것'이라고 생각했습니다.

In the past, our ancestors thought of blessing as: living long, becoming rich, giving birth to a lot of children, especially sons.

이러한 사상의 배경이 있기 때문에 우리는 성경을 읽다가도 복이라는 단어가 나오면 성경이 말하는 복이 어떤 것인지 살피지도 않고 으레 출세하고 부자 되는 것으로 생각했습니다. 물론 그것이 복이 아니라는 말은 결코 아닙니다.

Because of this ideological background, when we read the

Bible and when the word blessing comes out, we naturally associate the word with wealth. It's not that it's wrong.

그러나 성경이 말하는 복의 개념을 놓칠 때가 많이 있습니다. 성경은 부자 되고 성공하고 장수하는 것보다 더 중요한 복이 많이 있다고 말합니다.

There are many times when the concept of blessing that the Bible speaks is missed. There's something else that the Bible tells us that is better than being rich, successful, and with longevity. There are many more important blessings.

예를 들면 "복 있는 사람은 악인들의 꾀를 따르지 아니하며 죄인들의 길에 서지 아니하며 오만한 자들의 자리에 앉지 아니하고 오직 여호와의 율법을 즐거워하여 그의 율법을 주야로 묵상하는 도다"(시 1:1-2)라고 합니다.

For example, "Blessed is the one who does not walk in step with the wicked or stand in the way that sinners take or sit in the company of mockers, but whose delight is in the law of the Lord, and who meditates on his law day and night" (Psalms 1:1-2).

이 말씀에서 복 있는 사람은 어떤 사람입니까? 첫째, 하나님이 기뻐하시는 경건한 인격을 가리켜서 복되다고 합니다.

What kind of person is blessed here? The first is someone who has a holy character that pleases God.

둘째, 하나님이 기뻐하시는 삶을 살아가는 사람을 가리켜서 복 되다고 합니다.

The second someone who lives the life that God is pleased with.

다시 말해서 돈이 없어도, 출세를 많이 못 해도, 아들을 많이 못 낳았어도, 하나님께서 원하시고 하나님이 기뻐하시는 삶을 사는 사람입니다. 악인의 꾀를 따르지 않고 죄인의 길에 서지 않고 오만한 자의 자리에 앉지 않고 경건하고 겸손하게 삶을 살아갈 수 있다면 바로 그 사람이 하나님 보시기에 복 받은 사람이라는 것입니다.

In other words, even if you do not have a lot of money and you do not have a lot of sons, but you live a humble and holy life that pleasing to God, and not walk in step with the wicked or stand in the way that sinners take or sit in the company of mockers, then that person is blessed in God's sight.

물론 그렇다고 해서 세상에서 돈 많이 벌어서 부자 되고 출세하고 성공해서 존경받는 것이 복이 아니라는 말씀은 결코 아닙니다. 성경은 그것도 축복이라고 합니다.

Of course, it doesn't mean that wealth and success are not considered a blessing. The Bible calls it a blessing too.

눈에 보이는 물질과 재물도 성경의 상당히 많은 부분에서 그것이 복이라고 말합니다.
The visible material and riches are also a big part of blessing in the Bible.

성경에서의 복
The blessings written in the Bible

성경에 나타난 복의 개념을 유심히 살펴보면 다음과 같습니다. 구약에서는 하나님께서 복에 대해 말씀하실 때 우리 인간이 좋아하는 것, 육신적인 것, 물질적인 것을 축복이라고 가르치셨습니다.

When we look closely at the concept of blessing in the Bible, we are told in the first Old Testament that when God speaks about blessing, what man likes, physical and material things are considered as blessings.

"좋은 땅을 얻게 된다, 곡식이 풍성하게 된다, 건강해서 장수하게 된다, 창대하고 왕성해서 거부가 된다."고 하시며 그것을 복이라고 하셨습니다.

"Obtaining a good land, abundant grain, long healthy life, and strength and wealth." These were called blessings.

그러다가 점차 물질적인 복, 육신적인 복만이 아니라 하나님의 말씀에 순종하며 하나님의 뜻대로 살아가는 삶이 축복이라고 가르치십니다.

And gradually, the Bible teaches us that material and physical blessings are not the blessings, but it is a blessing to live life that obeys the Word of God and lives according to His will.

그리고 신약에 와서는 인격적이며 영적인 차원에서의 복을 축복이라고 예수님께서 가르치십니다.

And in the New Testament, Jesus teaches us that blessing is a benediction.

산상수훈에서 "심령이 가난한 자는 복이 있나니… 애통하는 자는 복이 있나니… 온유한 자는 복이 있나니…"(마 5:3-5)라고 했는데 그것은 다 인격적이고 영적인 축복을 말씀한 것입니다.

In the Sermon on the Mount, it is written,"Blessed are the poor in spirit, and blessed are those who mourn; blessed are those meek…" (Matthew 5:3-5). This talks about the physical and spiritual blessings.

따라서 영적인 복이 최고의 복인 줄로 믿습니다.
Believe that the spiritual blessing is the best blessing.

이것은 다시 말하면 다음과 같이 이해할 수 있습니다.
In other words, we can understand it this way.

어린아이들에게 복을 가르칠 때 "아무개야, 복이란 하나님의 뜻대로 경건한 삶을 살아가는 것이다." 이렇게 얘기하면 무슨 말인지 이해하지 못 합니다.
When you teach about blessings to young children, and when you say, "Blessing is to live a holy life according to God's will" If you tell them this way, they won't understand.

처음에는 아이들이 좋아하는 장난감을 하나 사주면서 "너 복 받았다." 이렇게 가르쳐야 합니다.
First, you must buy the kids a toy and say, 'you're blessed.'

그다음 어느 정도 성장했을 때, "장난감 많은 것이 복이 아니라 부모님 말씀에 순종하며 착하게 살고 열심히 공부하는 것이 복이다."라며 차원이 점점 높은 수준의 복을 가르칩니다.
Then, when the child grows, we teach them that toys are not the blessings but to be obedient to parents and studying hard is

a blessing. We teach them a higher dimension of blessing.

이것을 신학자들은 점진적 계시라고 부릅니다. 한 번에 다 보여주시는 것이 아니라 조금씩 조금씩 이해시키며 보여주신다는 것입니다.
Theologians call it a 'gradual revelation'; you don't see it all at once, but you help them understand little-by-little.

그렇습니다. 축복의 개념도 마찬가지입니다.
That's right. The same is true of the concept of blessing.

하나님께서 처음부터 "경건한 삶을 살아라, 인격적으로 바르게 살아라, 성령 충만한 삶이 복이다."라고 가르치시면 수준 낮은 우리의 옛사람이나 신앙생활을 막 시작한 초신자들은 이해할 수가 없습니다.
If we're first taught about living a godly life and be filled with the Holy Spirit to be blessed, then we wouldn't be able to understand fully, especially those who just started their faith life.

그러므로 먼저 육신적인 것, 물질적인 축복을 통해서 복을 가르치십니다.
Thus, men first are taught about physical and material blessings first to learn about what blessing means.

그렇습니다. 하나님은 오늘도 우리에게 복 주시기를 원하십니다.
Yes. No matter what, God desires to bless us.

우리에게 필요한 육신적인 축복, 건강의 축복, 물질적인 축복, 그밖의 필요한 모든 축복도 주실 줄로 믿습니다.
Trust God that He will give you the physical, health, and material blessings, as well as all other necessary blessings.

그러나 거기에서 멈추면 안 됩니다. 하나님은 우리가 좀 더 높은 차원의 영적인 축복을 누리기를 원합니다.
But we must not stop here. God wants us to enjoy a higher level of spiritual blessings.

하나님과 올바른 관계를 맺고, '빛으로, 소금으로' 하나님이 기뻐하시는 인격으로서의 삶을 살아가기를 원합니다.
We want to live in righteousness with God and live as the 'light and salt,' which pleases Him.

그래서 우리는 '하나님께서 왜 우리에게 복을 주셨을까?'를 가끔 물어봐야 합니다.
So why did God bless us in the first place? Sometimes we have to ask.

복의 근원이 되라
Be the source of blessing

오늘날 많은 그리스도인들이 "하나님이 나를 살기 좋은 미국에 보내 주셨다, 하나님이 나에게 건강을 주셨다, 하나님이 나에게 물질의 복을 주셨다, 하나님이 나에게 성령으로 충만하게 하셨다."라고 말은 하면서 그다음은 하지 않습니다.

Many Christians today say, "God sent me to America where I could live." "God gave me health, God has blessed me with material wealth, God has filled me with the Holy Spirit," but things stop there.

"내가 이런 축복을 받았다." 거기서 끝날 때가 많습니다.

We say that we have received this blessing, but we stop there.

일찍이 하나님께서 아브라함에게 "내가 네게 복을 줄 것이다."라고 하시는데, 그 다음이 중요합니다. "너는 복의 근원이 될지라"(창 12:2, 개역한글)라고 하십니다. 복의 근원이 되는 것이 무엇입니까?

Early on, God said to Abraham, "I will bless you." "You shall be the source of blessing" (Genesis 12:2). What does it mean to be the "source" of blessing?

네가 받은 복을 다른 사람에게 나누어 주라는 것입니다.

It means, you are to give the blessings that you have received to others.

다시 말해서 하나님께서 나에게 복을 주신 이유는 나만 잘 먹고 잘 살라고 주신 것이 아닙니다. 나만 예수 잘 믿으라는 것이 아니라 내가 받은 복을 필요한 모든 사람에게 나누어 주라고 주신 것입니다.

In other words, God blessed us with blessings—not to just enjoy life on our own and not to believe in Jesus on our own, but to share the blessings to those who are in need.

그것이 영적인 복이든 육적인 복이든, 물질적인 복이든 나누어 주라는 것입니다.

Whether it is a spiritual blessing, a physical blessing, or a material blessing, we need to share these.

성경에 나오는 수많은 인물 가운데서 영적으로 육적으로 물질적으로 가장 큰 축복을 받은 사람이 아브라함입니다.

In the Bible, Abraham received the most blessings of spiritual, physical, and material.

아브라함은 이슬람교와 유대교에서도 존귀하고 자랑스럽게 여깁니다.

Abraham is honored in both Islam and Judaism.

우리 개신교에서도 아브라함의 신앙을 귀하게 여기고 믿음의 조상, 축복의 조상이라고 하면서 그를 본받으려고 합니다.
Even in Protestantism, we try to imitate Abraham's faith and regard him as the father of faith life and the ancestor blessings of faith.

그럼 어떻게 해서 아브라함은 복의 근원이 될 수 있었습니까?
How then did Abraham become a source of blessing?

1. 하나님의 말씀을 믿었습니다.
1. He believed in the Word of God.

"하나님이 그에게 일러 주신 곳에 이른지라 … 천하 만민이 복을 받으리니 이는 네가 나의 말을 준행하였음이니라"(창 22:9, 18)
"When they reached the place God had told him about, all nations on earth will be blessed, because you have obeyed me" (Genesis 22:9 & 18).

어느 날 하나님께서 아브라함을 부르시고 말씀하셨습니다. "너는 너의 고향과 친척과 아버지의 집을 떠나 내가 네게 보여 줄

땅으로 가라"(창 12:1).

One day God called Abraham and said, "Go from your country, your people and your father's household to the land I will show you" (Genesis 12:1).

아브라함은 그곳이 어떤 곳인지, 어떤 땅인지 모릅니다. 그러나 하나님이 말씀하시니까 무조건 믿고 짐을 꾸려서 식구들과 더불어 떠났습니다. 대단하지 않습니까?

Abraham did not know what place this was. But when God spoke, he believed unconditionally, packed up, and left with his family. Isn't that great?

아브라함은 마침내 가나안 땅에 도착했습니다. 그때 하나님께서 "내가 이 땅을 네 자손에게 주리라"(창 12:7)고 하셨습니다.

Abraham finally reached the land of Canaan. Then God said, "To your offspring I will give this land."

이때 아브라함의 나이가 75세였지만 자식이 없었습니다. 그러나 아브라함은 하나님의 말씀을 믿었습니다.

At this time Abraham was 75 years old, but he had no children. But Abraham believed in the word of God.

현재 상황으로 보면 땅이나 자손이나 그 무엇 하나 분명한 것이 없었지만, 하나님이 말씀으로 약속하셨으니까 불가능한 것도 얼마든지 가능할 수 있다고 믿었습니다.

During that time, both the land or offspring were not secured, but because God promised it, he believed that impossible things could become possible.

그래서 그는 언제나 하나님의 말씀을 앞세웠습니다. 되는대로 막연하게 이 세상을 살아간 것이 아니라 하나님의 말씀을 앞세우고 그 말씀이 하라는 대로 "하나님의 말씀을 믿고 쫓아갔다."고 했습니다.

Thus, he always preceded with the word of God. He did not vaguely live each day, but preceded the word of God and "believed and followed God's Word."

그렇습니다. 아브라함이 믿음의 조상이 되고 물질의 축복을 받아 축복의 근원이 될 수 있었던 것은 하나님의 말씀을 그대로 믿었기 때문입니다.

That's right. Abraham became the ancestor of faith, a rich man, and the source of blessings, because he believed in the Word of God.

그래서 히브리서 기자는 그가 갈 바를 알지 못했지만 하나님의 말씀에 순종해서 갔다고 했습니다. 그는 하나님이 지시하는 대로 갔습니다. 계산하지 않았습니다. 따지지 않았습니다.
So the author of Hebrews said that even though he didn't know where to go, but he went to obey God's Word. He wasn't calculative and he didn't complain.

하나님의 말씀이니까 그 말씀대로 믿고 살았고 그래서 복의 근원이 되었습니다.
Because it was the word of God, he believed in it and lived accordingly, and so he became the source of blessings.

그렇습니다. 우리도 하나님의 말씀을 믿고 살아야 합니다.
Yes. We must also live on the Word of God.

하나님의 말씀이 때로는 내 지식이나 내 이성과 내 경험으로 이해가 되지 않아도, 난센스처럼 느껴질 때가 있어도 하나님의 말씀이니까 믿고 그대로 사는 것입니다.
Even though the Word of God sometimes does not make sense to us using our knowledge, reasoning, experience, but we should trust His word and live accordingly.

그럴 때 우리는 반드시 복의 근원이 될 줄로 믿습니다.
And when we do so, we will be the source of blessing.

어느 날 예수님께서 가버나움 동네에 들렀을 때 왕의 신하 아들이 병들어 죽게 되었습니다.

One day when Jesus came to the town of Capernaum, the son of the king's servant died of illness.

그 아버지가 예수님께 찾아와 "내려오셔서 내 아들의 병을 고쳐 주소서"(요 4:47) 하며 간청합니다.

This father went up to Jesus and begged him to come and heal his son, who was close to death.

그 말을 듣고 예수님께서는 "너희는 표적과 기사를 보지 못하면 도무지 믿지 아니하리라"(요 4:48)고 책망하셨습니다.

When he heard it, Jesus rebuked, "Unless you people see signs and wonders, you will never believe."

그러나 왕의 신하는 개의치 않고 "주여 내 아이가 죽기 전에 내려오소서"(요 4:49) 하며 매달렸습니다.

But the king's servant did not care, "Sir, come down before my child dies."

그 말을 듣고 예수님께서 그를 가만히 보시니 그의 마음속에 간절한 믿음이 있었습니다.

When Jesus heard him, he saw that there was faith in his heart.

그래서 예수님은 "가라 네 아들이 살아 있다"(요 4:50)고 하십니다. 그가 그 예수님의 말씀을 믿고 집으로 돌아가는데 종들이 나와서 아들이 살아났다는 기쁜 소식을 전해 주었습니다.

"Go," Jesus replied, "your son will live" (John 4:50). He believed in the words of Jesus, and returned home. On the way home, the servants told him the good news that his son was alive.

그렇습니다. 하나님의 말씀은 살았고 운동력이 있어서 그 말씀을 믿으면 시공간을 초월해서 기적의 역사가 일어납니다.

That's right. God's Word is alive and powerful, and if you believe the Word, a miracle will happen.

사랑하는 성도 여러분! 언제 어디서나 하나님의 말씀을 믿음으로 아브라함처럼 복의 근원이 되시기를 주님의 이름으로 축원합니다.

Beloved believers! I pray in the name of the Lord that you will believe in the Word of God whenever and wherever you are, just like Abraham.

하나님을 의지하는 신앙의 용기
The courage of faith to rely on God

2. 신앙의 용기가 있었습니다.
2. There was courage of faith.

"그의 아들 이삭을 결박하여 제단 나무 위에 놓고 손을 내밀어 칼을 잡고 그 아들을 잡으려 하니"(창 22:9-10).

"He bound his son Isaac and laid him on the altar, on top of the wood then he reached out his hand and took the knife to slay his son" (Genesis 22:9-10).

어려운 일이 있을 때일수록 우리에게 필요한 것은 신앙의 용기입니다.

The more we have difficult things, the more we need the courage of faith.

현대인의 약점은 지식과 경험은 있지만, 용기가 없다는 것입니다. 기술은 있지만, 지혜가 없습니다.

A modern man has knowledge and experience, but the weakness is the lack of courage. There is skill but no wisdom.

미국에서 태어난 우리 2세, 3세들이 그렇습니다. 공부도 많이 하고 영어도 잘하는데 용기가 없는 사내들이 있어요.

There are 2nd and 3rd generations born in America, who study hard and can speak English well, but lack courage.

"너 왜 결혼 안 하냐?" 하면, "나 혼자 살기도 어려운데 내가 누구를 또 먹여 살려요." 합니다. 그러다가 연상의 여인을 찾아서 "누나, 밥 줘요." 합니다.

'Why don't you get married?' 'Life is already difficult on my own, so how can l feed anyone else?" That's why some men look for older women. They say, "Nuna, please feed me."

오늘날 많은 사람들이 교회는 다니는데 하나님을 믿고 의지하는 신앙의 용기가 없습니다.

Today, many people go to church, but there is no courage for faith to believe and rely on God.

히브리서 기자는 아브라함, 이삭, 야곱, 요셉 등 신앙의 족장들을 나열하고 그들의 생애와 믿음의 위대함을 다 기록한 후, "이런 사람은 세상이 감당하지 못하느니라"(히 11:38)고 했습니다.

The author of Hebrews, listed the leaders of faith and their life from Abraham, Isaac, Jacob, to Joseph, and at the end, he wrote " the world was not worthy of them."

그렇습니다. 용기가 있을 때 하나님의 능력을 체험할 수 있습니다. 아브라함이 말씀을 따라 움직일 수 있었던 것은 그의 신앙의 용기입니다.

Yes. You can experience the power of God when you have

the courage. It was Abraham's courage in faith that Abraham could move according to God's word.

아브라함도 때로는 실수하고 잘못도 많이 했습니다. 하나님이 약속하신 땅이지만 가는 길은 순탄치 않았습니다.
Sometimes he made mistakes. The path to the promised land was not always smooth.

순례의 길이었고 고난의 험악한 길이었습니다. 수없이 지치고 쓰러졌습니다. 하나님은 인생의 굽이굽이 신앙의 용기를 요구하셨습니다.
The path was a difficult road of pilgrimage. He fell multiple times and was tired. But God demanded the courage of faithfulness in life.

어떤 때는 그 약속의 땅에 흉년이 들었습니다. 그래서 아브라함은 먹을 것을 찾아 애굽으로 내려갔습니다.
Sometimes there was a famine in the land. So he went down to Egypt looking for food.

하나님이 주신 땅이라면 흉년이 들면 어떻습니까? 하나님이 책임져 주실 텐데. 나중에 하나님의 도우심과 사랑과 은혜로 이스라엘 백성들이 다시 그 땅으로 돌아오기는 합니다만, 이 일로 인해 이스라엘은 400년 동안 애굽의 종살이를 하게 됩니다.
So what if God's land was in famine? God will take charge... Later, with God's help, love, and grace, they do return, but they had to go through the slavery of Egypt for 400 years.

그리고 하나님께서 아브라함에게 자식을 주겠다고 말씀하셨으면 그가 그것을 끝까지 믿어야 하는데, 인간적인 생각으로 불가능하게 여겼습니다.
And when God said that he would give Abraham his children, in human sense, it was not easy to believe it.

아브라함은 아내 사라가 나이가 많으니 안 되겠다고 생각하고 사라의 여종 하갈과 동침해서 이스마엘을 낳았습니다. 이 일로 오늘까지 유대교, 기독교는 이슬람교와 싸우고 있습니다.
His wife Sarah was old, so he became the father of Sarah's servant Hagar and gave birth to Ishmael. Until today Judaism and Christianity are fighting against Islam about this issue.

굶어 죽든지 말든지, 늙어서 힘이 있든지 없든지, 하나님 말씀만 믿고 살아야 하는데 인간적으로 생각하니 실수하고 죄를 지었습니다.
Whether we starve or grow old, we have to live by trusting in God's word, but we tend to think in our human sense and we

then make mistakes and sin as a result.

그렇습니다. 아브라함이 인간적으로 약해서 잘못했던 것처럼 오늘 우리에게도 그런 모습이 있습니다.
Yes. Just as Abraham was human and weak, we have like him today.

말씀 따라 살아야지, 믿음으로 살아야지 하다가도 가끔씩 지쳐서 쓰러집니다. 어떤 문제를 만나면 내 나름대로 판단합니다. 하고 싶으면 하고 하기 싫으면 안 합니다.
We have to live by God's word and live by faith, but then we sometimes get tired and fall down. If we encounter any problems, we judge with our own way. We do what we want but not do what we don't want.

내 마음대로 행동합니다. 아브라함도 그랬습니다. 때로는 고달픈 인생을 살았습니다. 때로는 힘들어 휘청거렸습니다. 한없이 나약한 인간의 모습을 보였습니다.
We act on our own accord. Abraham did, too. Sometimes he lived a tough life. Sometimes he struggled hard. He showed his weak side as a human being.

그럼에도 불구하고 아브라함은 하나님의 말씀을 붙잡고 일어섰습니다. 실패한 과거를 딛고 잘못을 뉘우치면서 다시 일어서는 신앙의 용기가 있었습니다.

Nevertheless, Abraham stood up holding onto the Word of God. The past was his stepping stone, and after realizing his mistakes, he stood up again as he had the courage of faith.

유명한 목회자인 토레이 목사님은 젊은 시절에는 신앙이 없었습니다. 자기 힘을 의지하며 세상일에 분주했습니다.

When the famous Pastor Torrey was young, he didn't have faith. He was busy in the world affairs living in own strength.

그런데 어느 날 그의 어머니가 이런 권면을 했습니다. "얘야, 네가 이다음에 인생의 막다른 골목에 이르거든 좌절하지 말고, 신앙의 용기를 가지고 이 어미가 믿는 하나님을 찾아라. 그러면 그 하나님이 반드시 구원해주실 것이다."

One day his mother told him, "Son, if you're ever faced with the end of the wall and there seems to be no way out, do not be frustrated, but instead seek and have the courage of faith from God. Then God will surely save you."

그러나 자기 힘을 의지하던 토레이는 결국 실패하고 말았습니다.

In the end, Torrey, who relied on his strength, failed.

물질이 없어지고 친구들이 다 떠나가고 막다른 골목에 이르러 자살을 결심했습니다.
When he lost his wealth, all of his friends left and so he decided to commit suicide.

그런데 그때 어머니가 일러 주었던 말이 생각났습니다. "신앙의 용기를 가지고 하나님을 찾아라."
But then he remembered the words of his mother, "Look for God with the courage of faith."

그는 마지막으로 신앙의 용기를 가지고 하나님께 매달렸고, 하나님께서는 그를 구원해주시고 훌륭한 목사가 되게 해주셨습니다.
As a last chance, he clung to God with the courage of faith, and God saved him and made him a great minister.

그렇습니다. 사람은 누구나 잘못할 수 있습니다. 그러나 신앙의 용기를 가지고 다시 일어나야 합니다.
That's right. Anyone can make mistakes. But we must rise with the courage of faith.

하나님은 비록 잘못했더라도 신앙의 용기를 가지고 다시 일어나는 사람을 사랑하시고 그에게 복을 주십니다.
God loves and blesses those who rise again with the courage

of faith, even though they were wrong before.

아브라함은 수많은 실수와 잘못이 있음에도 불구하고 신앙의 용기를 가지고 믿음으로 일어나서 축복의 문을 열었습니다. 그리고 복의 근원이 되었습니다.

Abraham rose up in faith with the courage of faith, despite numerous mistakes and errors, and so God opened the door of blessings. And he became the source of blessing.

그렇습니다. 어려움이 찾아와도 낙심하지 마세요. 무엇이 제대로 잘 안 되고 실패한다고 해도 실망하거나 좌절하지 마세요.

Yes. Do not be discouraged if difficulties come along. Do not be disappointed or frustrated if things do not work out well and fail.

사랑하는 성도 여러분! 아브라함처럼 신앙의 용기를 가지고 살아가시기를 주님의 이름으로 축원합니다.

Beloved believers! Like Abraham, I pray in the name of the Lord that you live with the courage of faith.

예배는 축복의 통로
Worship is the path to blessings

3. 언제나 예배를 귀하게 여겼습니다.
3. Always value worshipping God.

"아브라함이 그 곳에 제단을 쌓고 … 네가 네 아들 네 독자까지도 내게 아끼지 아니하였으니 내가 이제야 네가 하나님을 경외하는 줄을 아노라"(창 22:9, 12).

"Abraham built an altar there…. Now I know that you fear God, because you have not withheld from me your son, your only son" (Genesis 22:9 & 12).

아브라함의 생애에서 가장 중요한 것은 하나님을 경외함으로 드리는 예배였습니다. 그래서 언제 어디에서나 가는 곳마다 제단을 쌓는 예배 중심의 삶을 살았습니다.

The most important thing in Abraham's life was worshiping God. So everywhere we went, he built an alter and he lived a life of worship.

여러분이 잘 아시는 대로 가나안 땅은 우상을 숭배하는 이방 나라입니다. 하나님을 모르는 백성입니다.

As you know well, the land of Canaan is a pagan land. They didn't know believe in God.

그러나 아브라함의 장막 옆에는 반드시 돌 제단이 있었습니다.

그래서 아브라함은 언제나 하나님 앞에 예배를 드렸습니다.
But there was always a stone altar near the tent of Abraham. So Abraham always worshiped God.

그렇습니다. 예배는 축복의 통로인 줄로 믿습니다. 하나님이 제일 기뻐하시는 것이 예배입니다.
That's right. Believe that worship is the pathway to blessing. It is by worshiping God is most pleased with.

하나님이 제일 좋아하시는 것이 예배입니다. 그래서 아브라함은 언제나 예배를 귀하게 여겼습니다.
God's most favorite thing is worship. So Abraham always valued worship.

예배를 드리면서 영감을 얻었습니다. 예배를 드리면서 지혜를 얻었습니다. 예배를 드리면서 주의 음성을 듣고 성령의 기름 부음을 받았습니다.
He was inspired when he worshiped. He gained wisdom as he worshiped. When he worshiped, he heard the voice of the Lord and received the anointing of the Holy Spirit.

그리고 물었습니다. "하나님, 내가 어떻게 살아야 합니까? 내가 무엇을 해야 복을 받을 수 있습니까?"

And he asked, "God, how should I live? What can I do to be blessed?"

그는 예배를 드리면서 인생의 해답과 성공의 열쇠를 찾았습니다. 예배를 드리면서 영육의 부자가 되고 복의 근원이 되었습니다.
He found the answer to life and the key to success while worshiping. As he worshiped, he became the source of blessing both physically and spiritually.

그렇습니다. 예배를 소중하게 여겨야 합니다. 우리들도 예배에 목숨 걸어야 합니다.
That's right. We must value worship. We should also dedicate our life to worship.

예배를 우습게 알면 안 됩니다. 예배를 시시하게 생각하면 안 됩니다. 여러분이 가장 신경 쓰면서 살아야 하는 것이 예배입니다.
Worship is not a joke. Do not think of worship lightly. It is worship that you should care the most.

암 환자만 모여 있는 암 병원에서 일하는 어느 의사가 안타까워하며 그곳에 관한 글을 썼습니다.
A doctor, who works in a cancer hospital where only cancer patients are gathered, was saddened and wrote an article.

그곳에는 많이 살아야 2개월, 6개월, 1년 정도밖에 못사는 사람들이 있다고 합니다. 그런데 그들이 모여서 무엇을 하느냐면 돈 따먹기 화투를 친다고 합니다.

At this hospital, there were a lot of people living there for only 2 months, 6 months, or 1 year. But what do they during these times? They gamble.

어떤 사람은 돈을 따고서 그렇게 좋아한다고 합니다. 50달러, 100달러 땄다고 기뻐하는데, 그 모습을 바라보면 한없이 서글퍼진다는 것입니다.

Some patients felt happy because they won some money. They were delighted that they got $50 or $100 that day, but when looking at them, the doctor felt sad.

그런데 그 암 환자들과 우리들 사이에 어떤 차이가 있습니까? 큰 차이가 없습니다. 2개월, 2년, 20년, 그 정도의 차이일 뿐입니다.

But what is the difference between those cancer patients and us? There is no big difference. Two months, 2 years, 20 years—that's the difference.

그런데 우리는 왜, 무엇 때문에 이렇게 바쁘게 살아가고 있습니까? 무엇이 우리의 기쁨이 되고 있습니까?

But why are we, for what reason, are we living life so busy

like this? Where the joy in our life?

인생에서 가장 중요한 것을 붙들지 않으면, 서글픈 인생, 허무한 인생이 될 수밖에 없습니다.

If you do not hold on to the most important thing in your life, you will have a sad, vain life.

그렇습니다. 하나님을 경외하는 예배를 붙드세요. 예배 시간에 우리는 힘과 능력을 받습니다.

That's right. Hold on to worshipping God. In worship time, we receive God's strength and power.

예배 시간에 하나님이 우리와 함께하십니다. 예배 시간에 약속의 땅을 기업으로 받습니다.

God is with us at the time of worship. We receive the promised land in worship time.

예배를 드릴 때 소원이 성취되고, 기도 응답이 있습니다. 예배 속에는 모든 것이 다 있습니다.

When worship is offered to God, our hopes are fulfilled and there is a prayer response. In worship there is everything.

성도에게 예배보다 더 중요한 일이 이 세상에 없습니다. 빠지지 말고 정성껏 예배를 드려보시기 바랍니다.
There is nothing more important in this world to Christians than worship. Please do not miss worship.

영적인 변화와 새로운 은혜, 기적의 역사가 일어납니다. 하늘 문이 열리고 신묘막측한 일이 나타납니다.
Spiritual transformation, new grace, and miracle work through worship. The doors of heaven opens and you'll see something new and miraculous.

그렇습니다. 아브라함은 예배의 삶을 살았기 때문에 약속의 땅, 축복의 땅인 가나안을 기업으로 받았습니다.
That's right. Because Abraham lived a life of worship, he received the land of promise and blessings.

그리고 복의 근원이 되었습니다. "내가 네게 큰 복을 주고 … 네 씨로 말미암아 천하 만민이 복을 받으리니"(창 22:17-18).
And he became the source of blessing. "I will surely bless you and through your offspring all nations on earth will be blessed" (Genesis 22:17-18).

사랑하는 성도 여러분! 아브라함처럼 하나님의 말씀을 믿고, 아무리 힘들고 어려워도 신앙의 용기를 가지고, 언제나 예배를 가장 귀하게 여김으로써 복의 근원이 되시기를 주님의 이름으로 축원합니다.

Beloved believers! Like Abraham, trust in the Word of God and have the courage of faith, even though life is hard. Always pray and worship in the name of the Lord and become the source of blessings.

BILINGUAL
GOSPEL SERMONS
IN REFORMED
THEOLOGICAL
FOUNDATIONS

위대한 축복의 해
Great blessed year

신명기 28장 1-6절

"네가 네 하나님 여호와의 말씀을 삼가 듣고 내가 오늘 네게 명령하는 그의 모든 명령을 지켜 행하면 네 하나님 여호와께서 너를 세계 모든 민족 위에 뛰어나게 하실 것이라 네가 네 하나님 여호와의 말씀을 청종하면 이 모든 복이 네게 임하며 네게 이르리니 성읍에서도 복을 받고 들에서도 복을 받을 것이며 네 몸의 자녀와 네 토지의 소산과 네 짐승의 새끼와 소와 양의 새끼가 복을 받을 것이며 네 광주리와 떡 반죽 그릇이 복을 받을 것이며 네가 들어와도 복을 받고 나가도 복을 받을 것이니라."

Deuteronomy 28:1-6

"If you fully obey the LORD your God and carefully follow all his commands I give you today, the LORD your God will set you high above all the nations on earth. All these blessings will come upon you and accompany you if you obey the LORD your God: You will be blessed in the city and blessed in the country. The fruit of your womb will be blessed, and the crops of your land and the young of your livestock--the calves of your herds and the lambs of your flocks. Your basket and your kneading trough will be blessed. You will be blessed when you come in and blessed when you go out."

●

세상에는 귀한 것이 많이 있습니다. 천하를 얻고도 건강을 잃으면 아무것도 아닙니다.
There are many precious things in the world. If you lose your health after getting the world its nothing!

건강은 귀한 것입니다. 돈과 재물도 귀합니다. 명예와 권세도 귀합니다.
Health is precious. Money and wealth are precious. Honor and power are precious.

하지만 이런 것들은 있다가도 없어지고 없다가도 다시 얻을 수 있는 것들입니다.
However, these are things come and go.

그러나 한번 잃어버리면 영원히 다시 찾을 수 없는 것이 있습니다. 그것은 시간, 즉 세월입니다.
But there is something that cannot be recovered when you lose

it. That is time.

그렇습니다. 시간과 세월은 정말 귀합니다. 그러므로 생명이 있는 동안 잘 살아야 합니다.
That's right. Time is really precious. Therefore, we should live well while we are alive.

하나님을 경외하는 믿음으로 살아야 합니다.
We ought to live by faith and in fear of God.

참으로 하나님의 영광을 위해 가치 있고, 보람되게 살아야 합니다. 결코 후회하는 삶을 살아서는 안 됩니다.
Indeed, we must live worthy for the glory of God. We should never live a regretful life.

여러분에게 소원이 있습니까? 그 소원을 여러분의 삶의 목표로 정하시기 바랍니다.
Do you have wishes? Please make that wish the goal of your life.

그리고 여러분의 소원을 하나님께서 반드시 이루어 주신다는 확신을 가지고 열심히 기도해보시기 바랍니다.
And please pray earnestly with the conviction that God will

surely make your wishes come true.

여러분의 소원은 반드시 현실로 이루어질 것입니다.
Your wishes will surely come true.

시편 기자는 "네 입을 크게 열라 내가 채우리라"(시 81:10)고 했습니다. 채워주시는 것은 하나님께서 해주시는 것입니다.
The psalmist said, "Open your mouth wide, and I will fill it" (Psalm 81:10). God is the one who fills it.

우리가 해야 할 일은 입을 활짝 벌리는 것입니다. 믿음의 입을 넓게 열어야 합니다. 소원의 입을 넓게 열어야 합니다.
All we have to do is open our mouths. We must open our mouth wide open. We must open our mouths of wish wide open.

『가이드 포스트』의 노만 빈센트 필 박사는 "위대한 축복을 만들기 위해서는 반드시 해야 할 일이 있다."고 했습니다.
Dr. Norman Vincent Peale of the Guide Post said that there is something we must do in order to make a great blessing.

"첫째, 크게 생각하라. 둘째, 크게 행동하라. 셋째, 크게 믿으라."
는 것입니다.

First, it's to think greatly. Second, act greatly. And third, believe greatly.

그렇습니다. 새롭게 결단해야 합니다. 우리 인간이 가지고 있는 가장 위대한 능력 중의 하나가 결단력입니다.
That's right. We have to make new decisions. One of the greatest powers we have is decisiveness.

하나님은 자발적으로 믿음의 결단을 하는 사람을 축복해주십니다.
God blesses those who willingly decide with faith.

그러므로 믿음 안에서 교회생활, 가정생활, 개인생활을 더욱 새롭게 하시기 바랍니다.
Therefore, I hope you would renew your church life, family life, and personal life in faith.

올해는 다시 한번 새롭게 살아보자고 결심하고 믿음으로 결단하시기를 바랍니다.
I hope that you would decide once again to be renewed by faith this year.

우리가 믿는 하나님은 그의 자녀들에게 복 주시기를 원합니다.
God, whom we believe, wants to bless his children.

그러면 우리가 어떻게 살아야 위대한 축복을 받을 수 있겠습니까?

So how can we make into a great year of blessing?

지난날은 잊어버리라
Forget the past

1. 지난날은 잊어버리고 새로운 마음으로 살아야 합니다.
1. Forget the past and live with a renewed mind.

"너희는 이전 일을 기억하지 말며 옛날 일을 생각하지 말라"(사 43:18).

"Remember not the former things, nor consider the things of old" (Isaiah 43:18).

우리가 새로운 마음으로 살려면 지난날은 다 잊어버려야 합니다. 과거에 얽매여 있는 사람은 큰일을 하지 못합니다.

If we want to live with a renewed mind, we must forget our past. Those who are trapped in the past cannot do great things.

그의 마음이 과거에 머물러 있기 때문에 아직 새 마음으로 변화되지 않은 것입니다.

Because his mind is still in the past and his mind has not been transformed by the renewal of the mind.

과거를 많이 얘기하거나 옛 생활에 익숙해져 있으면 안 됩니다.
We should not get used to old life and talk about the past frequently.

그러므로 우리는 흐르는 세월과 더불어 지난날은 모두 잊어버리고 새로운 마음으로 살아야 합니다.
Thus, we need to live with a renewed mind by forgetting our past.

우리가 지난날을 돌이켜 보면 얼마나 많은 실수가 있었습니까? 얼마나 많은 시행착오가 있었습니까?
How many mistakes have we made when we look back on our past? How many trials and errors were there?

그런데 그것을 생각하지 말고 잊으라는 것입니다. 후회할 일이 있어도 잊어버려야 합니다.
But do not think about it and forget it. Even if you have something to regret, you have to forget.

마귀는 우리의 실수와 잘못을 자꾸 기억나게 하지만 성령님은 우리의 모든 잘못을 잊게 하십니다.
The devil makes us remember our wrongdoings, but the Holy Spirit makes us forget all our wrongdoings.

위대한 축복을 받는 사람은 잊어야 할 것을 잊을 수 있는 사람입니다.
A person who can have great blessings is someone who can forget what can be forgotten.

마음을 고쳐먹고 새 마음으로 앞으로 잘하면 되는 것입니다.
Then we can change our mind and do well in the future.

물리학에서는 한 물체가 빠져나가야 다른 물체가 들어올 수 있다고 합니다.
In physics, it is said that an object must come out before another object can come in.

쏟아버릴 수 있는 사람이 채움을 받을 수 있습니다. 우리가 옛것을 잊고 빈 마음을 만들어야 새 마음이 될 수 있습니다.
A person who can pour out can be filled. When we forget old things and empty our minds, we can have new minds.

그런데 막연히 내가 새 마음으로 살겠다고 다짐하면서, 여전히 옛날 생활을 그대로 하고 옛 습관을 그대로 가지고 있으면 우리는 결코 새로운 존재가 될 수 없습니다.
But vowing to live with a new mind while having the same old habits, we cannot become new beings.

그러므로 지난날의 부정적인 생각을 다 버리고 새로운 마음으로 살아가시기를 바랍니다.
Therefore, I hope you would leave your negative thoughts in the past and live with new minds.

어떤 사람이 실패합니까? 과거에 얽매인 사람입니다. "그때 내가 그렇게 했더라면, 그때 그 사람만 아니었다면…." 하면서 지난날을 계속 생각하는 사람입니다.
What kind of person fails? A person who is caught in the past. "If I had done it then, if it wasn't for that person then…" A person who keeps thinking about the past.

결혼하고 후회하는 사람, 아이 낳고 후회하는 사람, 맛있게 밥 먹고 다이어트 얘기하는 사람….
A person who marries and regrets, gives birth to a child and regrets, eats delicious food and talks about diet….

그렇습니다. 우리 모두에게 거듭난 마음이 필요합니다. 안 된다는 부정적인 입술이 된다는 긍정적인 입술로 변하길 바랍니다.
That's right. all of us need a born-again minds. I hope that negative words would become positive words.

못 한다는 생각이 이제 난 할 수 있다는 생각으로 바뀌길 바랍니다.
I hope that thoughts that say, "I cannot" would change into "I can."

힘들고 어렵다고 주저앉아 있는 분들이 하나님을 바라보며 소망을 가지고 믿음으로 일어나기를 축원합니다.
I pray that those who are sitting on the ground because it is hard and difficult will look up to God and have faith and rise up with hope.

사람이 제아무리 염려하고 근심 걱정을 한다고 해도 자기가 가지고 있는 능력의 한계를 벗어날 수 없습니다.
No matter how worried or anxious a person is he cannot escape the limitations of his abilities.

그래서 염려, 근심, 걱정은 흔들의자와 같습니다. 흔들의자에 앉아서 아무리 흔들어도 제자리입니다. 아무리 염려해도 한 발자국도 앞으로 나아가지 못합니다.

So anxiety and worry is like a rocking chair. No matter how much you shake it, the rocking chair will be in its place. No matter how much we worry, we cannot even move one step forward.

앞으로 내 생활에 어떤 일이 일어날지 나는 알지 못합니다. 그러나 내가 소원하는 것, 내가 기도하는 것이 하나님의 도우심으로 반드시 응답되고, 모든 일이 합력해서 선을 이루실 줄을 믿기에 담대히 일어나는 것입니다.

We do not know what will happen in our life, but we can rise up boldly because we believe that God will help and answer all our wishes and prayers for God will make all things work together for good.

내가 어떤 생각으로 사느냐에 따라서 나의 행동이 달라집니다.
Behavior changes depending on what we think.

그러므로 마음이 중요합니다. 새로운 마음, 믿음의 마음을 가지시기 바랍니다.
Therefore, mind is important, I hope you would renew your heart and mind.

나쁘게 마음을 먹어 보세요. 다 나쁘고 삐딱하게 보입니다. 모든 것이 다 삐딱합니다. 불신앙으로 보면 모든 것이 안 됩니다.
Think negatively. Everything will be seen negatively. Nothing can be done if you see it with unbelief.

과거의 부정적인 생각은 현재의 내 마음을 무섭게 파괴합니다.
All the negative thoughts of the past destroy our present mind.

안 된다는 생각, 부정적인 생각, 나쁜 생각, 불신앙의 생각, 옛날 생각을 다 털어버리십시오.
Cast away negative thoughts, evil thoughts, unbelief, and old thoughts.

새로운 마음과 믿음의 마음으로 긍정적인 생각, 된다는 생각, 좋은 생각, 성령 충만한 새 마음을 가지시기 바랍니다.
And I hope that you would have a renewed mind of faith filled with the Holy Spirit as you have positive thoughts and good thoughts.

사랑하는 성도 여러분, 지난날은 다 잊어버리고 새 마음으로 살아가시기를 주님의 이름으로 축원합니다.
Beloved believers, I pray in the name of the Lord that you would forget the past and live with a renewed mind.

이루어질 꿈을 기대하라
Hope for dreams coming true

2. 꿈이 이루어질 것을 기대하면서 살아야 합니다.
2. We must live expecting that dreams will come true.

"믿음은 바라는 것들의 실상이요 보이지 않는 것들의 증거니"(히 11:1).

"Now faith is the assurance of things hoped for, the conviction of things not seen" (Hebrews 11:1).

사람들은 "내가 이렇게 되었으면 좋겠다, 자녀들이 이렇게 되었으면 좋겠다, 돈을 많이 벌어서 부자가 됐으면 좋겠다, 내가 꼭 이런 복을 받았으면 좋겠다." 하는 소원들을 가지고 있습니다.

"I would like to be this kind of person. I would like my children to become this way. I would like to get wealthy this New Year. I would like to be blessed this way." People have these kinds of wishes.

그런데 이런 생각을 한두 번 하고 잊어버리지 말고, 계속해서 기도하면서 그 꿈이 이루어질 것을 믿음으로 기대해야 합니다.

But do not just think about them once or twice and forget about them. Pray continuously and expect with faith that this dream will come true.

계속 기도하며 응답될 때까지 마음에 그리라는 것입니다. 어떤 요행을 기다리라는 것이 아닙니다.
Keep them in your heart while you pray until they are answered. I am not saying to wait for luck.

신앙 안에서 하나님이 복을 주시면 된다는 믿음으로 그 꿈들이 이루어질 것을 기대하라는 것입니다.
But expect that your dreams will come true with confidence that God will bless those in faith.

때로는 우리의 생활이 어렵고 앞이 캄캄하고 힘이 들어도 하나님은 언제나 우리 편입니다.
Though at times our lives are difficult and future is dark, God is always on our side.

하나님은 언제나 우리에게 좋은 것으로 복 주시는 분이시기 때문에 우리에게 있는 여러 가지 꿈이 이루어질 줄로 믿습니다.
Our dreams will come true for God always wants to bless us.

여러분은 머피의 법칙을 잘 알고 있지요? 못 한다, 안 되겠다, 부정적으로 생각하면 정말 안 됩니다.

Are you familiar with Murphy's Law? If you say I cannot, it's impossible, and think negatively, it won't happen.

왜요? 성령의 마음이 아니니까요. 마귀가 준 마음, 안 될 것이라는 부정적인 생각, 두려운 마음으로 하니까 안 되는 것입니다.
Why? It is not the heart of the Holy Spirit. That's the mind that the devil gives, when you thinking negatively it won't happen.

그렇습니다. 우리는 미래에 대해서 두려워하지 말아야 합니다.
That's right. We should not be afraid of the future.

"두려워하지 말라 내가 너와 함께 함이라 놀라지 말라 나는 네 하나님이 됨이라 내가 너를 굳세게 하리라 참으로 너를 도와주리라 참으로 나의 의로운 오른손으로 너를 붙들리라"(사 41:10).
"Fear not, for I am with you; be not dismayed, for I am your God; I will strengthen you, I will help you, I will uphold you with my righteous right hand" (Isaiah 41:10).

꿈을 가지고, 하나님이 도와주시면 된다는 믿음의 눈으로 바라보며, 꿈이 이루어질 것을 기대하면서 살아가시기를 바랍니다.
I hope you will live with the expectation that it is possible if God helps us.

꿈을 가진 사람은 새 힘이 저절로 생겨납니다. 그래서 매사에 열심입니다. 그 꿈, 그 소원을 이루기 위해서 최선의 노력을 합니다. 기쁨으로 힘있게 삽니다.

Those who have dreams automatically have new strength. So they are zealous in everything. They do their best to make that wish and dream come true. They live in strength with joy.

"장로님, 됩니다. 권사님, 됩니다. 집사님, 됩니다!"
"Elder, it's possible. Exhorter, it's possible. Deacon, it's possible."

요셉은 한번 꾼 꿈을 잊어버리지 않고 종으로 팔려가서도 계속해서 그 꿈을 마음속에 새겨 두었습니다.
Joseph had not forgotten his dream. Though he was sold as a slave he kept his dream in his heart.

그래서 그가 응답을 받았습니다. 요셉만이 아닙니다. 저도 그랬습니다.
So he got a response. This didn't happen to Joseph only. It happened to me.

제가 어렸을 때 사람들이 저에게 훌륭한 목사가 될 거라고, 세계를 돌아다니며 복음을 전하는 목사가 될 거라고 했습니다. 그래서 저는 늘 그 말을 마음속에 담고 살았습니다.

When I was young, people said, 'he will be a great pastor.' 'he will be a minister who travels the world and preaches the gospel.' So I always kept that in my heart.

여러분! 꿈을 마음에 사진 찍어 둔다는 것은 보이지 않는 미래를 계속해서 마음에 새겨 둔다는 것입니다.

Everyone! Taking a picture of a dream in your heart means that you continue to engrave your invisible future in your heart.

그것이 우리의 무의식층과 의식층에 자꾸 인상화 되어야 합니다. 그래야 그때마다 창조적 에너지가 분출되어 꿈이 이루어지는 것입니다.

It must be impressed with our subconscious and conscious layers. So that creative energy will come out and make it happen.

어떤 집사님이 임신한 후에 벽에 걸린 사무엘의 기도하는 모습의 사진을 보면서 "하나님! 나도 사무엘 닮은 아이를 낳게 해주세요."라고 기도했습니다.

A pregnant deacon saw a picture of Samuel praying and prayed, 'God! Help me to give birth to a child like Samuel.'

그렇게 계속 생각하며 기도했는데 아이를 낳고 보니 사무엘을 똑 닮았더라는 것입니다. 머리 색깔도 노랗더랍니다.
She continued to think and pray, and when she had a baby he looked like Samuel. The hair color was also yellow.

그렇습니다. 우리의 마음속에 좋은 꿈을 가지고 믿음으로 계속 꿈을 그리며 마음에 사진을 찍어두면 언젠가는 그것이 이루어질 줄로 믿습니다.
That's right. We have a good dream, continue to draw with faith, and take a picture of it in our hearts it will happen one day.

믿음으로 성도가 생각하는 것은 하나님의 생각입니다. 하나님의 위대한 축복을 기대한다는 것은 성도의 특권입니다.
If a believer thinks by faith, that is God's thought. It is the privilege of the believer to expect a great blessing of God.

초대교회 성도들이 성령 충만을 받고 난 후에 일어난 현상은 환상과 비전을 보게 된 것입니다.
The phenomenon that occurred after the early church members were filled with the Holy Spirit was that they saw a vision.

일찍이 바울도 "소망의 하나님이 모든 기쁨과 평강을 믿음 안에서 너희에게 충만하게 하사 성령의 능력으로 소망이 넘치게 하시기를 원하노라"(롬 15:13)라고 했습니다. 꿈을 가지고 살라는 것입니다.

Earlier Paul said, "May the God of hope fill you with all joy and peace in believing, so that by the power of the Holy Spirit you may abound in hope" (Romans 15:13). Live with a dream.

그렇습니다. '내가 이렇게 되었으면 좋겠다, 내가 이런 복을 받았으면 좋겠다.' 한두 번 생각하고 잊어버리지 말고 계속해서 마음속으로 그리기 바랍니다.

That's right. I wish I could be like this. I wish I would receive this blessing. Don't forget after thinking once or twice, but continue to picture it in your heart.

계속 기도하며 응답될 때까지 마음에 그리라는 것입니다. 위대한 축복을 만들기 위해서는 믿음으로 꿈이 이루어질 것을 끊임없이 기대하면서 살아가야 합니다.

Pray and picture it your heart until it is answered. In order to make a great blessing, we must live by expecting that our dreams will come true through faith.

역사는 여러분의 기대만큼 이루어지는 것입니다. 꿈이 없는 사람, 기대하지 않는 사람에게는 기적이 일어나지 않습니다.

Miracles do not happen to those who do not have dreams or do not expect.

사랑하는 성도 여러분! 여러분의 좋은 꿈들이 반드시 이루어질 것을 기대하면서 살아가시기를 주님의 이름으로 축원합니다.
Beloved believers! I pray in the name of the Lord that you will live expecting that all your good dreams will come true.

하나님 말씀에 순종하라
Obey God's Word

3. 하나님의 말씀에 순종하며 열심히 기도하시기 바랍니다.
3. Obey God's Word and pray diligently.

"네가 네 하나님 여호와의 말씀을 청종하면 이 모든 복이 네게 임하며 네게 이르리니"(신 28:2). "무엇이든지 기도하고 구하는 것은 받은 줄로 믿으라 그리하면 너희에게 그대로 되리라"(막 11:24).
"And all these blessings shall come upon you and overtake you, if you obey the voice of the Lord your God" (Deuteronomy 28:2). "Therefore I tell you, whatever you ask in prayer, believe that you have received it, and it will be yours" (Mark 11:24).

위대한 축복을 만들기 위해서는 무엇보다도 하나님이 도와주셔야 합니다. 하나님이 우리에게 필요한 은혜와 복을 주셔야 합니다.

God must help us to create a great blessing. God must give us the grace and blessings we need.

올해도 우리 앞에는 어려운 문제가 있을 수 있습니다. 생각지도 않았던 심각한 위기를 만날 수도 있습니다.

There may be a difficult problem in front of us in this year. We may encounter a serious crisis that we did not expect.

그럴 때 어떻게 해야 합니까? 사람은 자기 노력만으로는 안 됩니다. 자신의 힘만으로는 위기를 극복할 수 없습니다.

What should we do then? Our own efforts cannot solve them. We cannot overcome the crisis with our own strength.

하나님의 도움을 받아야 합니다. 하나님의 은혜를 받아야 합니다. 하나님 없이는 절대로 해결할 수 없습니다.

We need God's help. We must receive the grace of God. Without God, we can never solve it.

하나님 없이는 절대로 성공할 수 없습니다. 그 하나님의 도우심을 받기 위해서는 말씀 순종과 기도생활을 해야 합니다.

Without God, we can never succeed. In order to receive the

help of God, we must obey the Word and pray.

내가 얼마나 하나님의 말씀에 순종하고 있는가? 내가 얼마나 하나님께 부르짖으며 기도하고 있는가?
How much am I obeying the Word of God? How much am I praying and crying out to God?

올해는 하나님의 말씀대로 살아보시기 바랍니다. 말씀대로 살면 기적이 일어납니다. 말씀은 능력입니다.
I hope that you would live according to God's Word this year. When we live according to the Word, miracles happen. The Word is power.

하나님의 말씀에 순종하는 믿음이 성공이냐, 실패냐를 판가름하는 것입니다.
Success and failure depends whether you have faith that obeys God's Word or not.

하나님의 말씀에 순종하는 분량대로 우리에게 은혜와 축복이 임합니다.
Grace and blessings come to us as we obey God's Word.

그러므로 '내가 참으로 전능하신 하나님의 말씀을 믿고 순종하는가? 그 하나님 앞에 얼마나 부르짖고 있는가?' 하는 그 믿음이 중요합니다.

Therefore, do I truly believe and obey the word of the Almighty? Am I crying out before God? That faith is important.

영국 속담에 "믿음이 없다는 것은 고삐 없는 말과 같다."는 말이 있습니다. 말의 입장에서 보면 고삐란 어지간히 괴로운 것입니다.

There is a British saying, "Having no faith is like a horse without reins." From the horse's point of view, the reins are quite painful.

고삐를 낚아챌 때마다 턱 뼈가 얼마나 아프겠습니까? 그렇지만 다른 한편에서 생각해보면 그 고삐가 말을 바르게 인도하는 것입니다.

How will their jawbone hurt every time someone pulls the reins? But on the other hand, if you think about it, the reins lead them to the right path.

순종하고 따라가다 보면 어느새 푸른 초장에 와 있습니다. 현대의 그리스도인 중에는 예수 생명 없이 교회만 왔다 갔다 하는 종교인들이 많이 있습니다.

If you obey and follow, you will soon see a green pasture.

Today, there are many modern Christians who come and go to church without the life of Jesus.

그저 매너리즘에 빠져서 형식적으로 교회에 다니는 사람들이 많습니다.
There are many people in the church who cannot come out of mannerism and attend church ceremonially.

그들이 믿음이 없다는 것은 쉽게 알 수 있습니다. 왜냐하면 오늘날 그리스도인 중에는 세상에 살면서 어려운 일을 만날 때마다 너무 쉽게 낙심하는 이들이 있기 때문입니다. 그들은 쉽게 화내고 좌절합니다.
It is easy to see that there is no faith among Christians today because when they encounter difficult situations they are so easily discouraged. They become easily angry and frustrated.

왜 그렇습니까? 우리 안에 하나님의 말씀이 없기 때문입니다. 하나님을 믿는 믿음이 없습니다.
Why is that? Because there is no word of God in them, there is no faith in God.

특별새벽기도회의 첫째 날, 제가 믿음을 얘기하다가 '돌을 옮겨놓으라'는 이야기를 했습니다. 예수님이 옮기라고 하시면 우리는 옮겨야 합니다.

The first day of dawn service I talked about faith and spoke about moving the stone. If Jesus says take away the stone, we ought to take it away.

마리아처럼 "이미 죽었는데요, 나흘이나 지났는데요, 시체 냄새가 나는데요." 하지 마세요. 자기 지식이나 이성으로 이상한 소리 하지 말고, 그냥 하나님 말씀을 믿고 순종하면 됩니다.

Like Maria, don't say, he is dead, three days have passed by, the body smells by now. Don't try to be rational and say weird things, but simply believe and obey the Word of God.

"돌을 옮겨 놓으라 … 네가 믿으면 하나님의 영광을 보리라"(요 11:39-40). 돌을 옮기라는 말이 무슨 말입니까? 하나님의 말씀에 순종하라는 것입니다.

"Take away the stone. If you believe, you will see the glory of God" (John 11:39-40). What does it mean to take away the stone? Obey God's Word.

그렇습니다. 하나님의 말씀에 순종하며 열심히 기도할 때 하나님이 우리를 도와주십니다. 우리와 함께 해주십니다.

That's right. God helps us when we pray diligently and obey God's Word. He is with us.

필요한 용기를 주시고, 지혜를 주시고, 만사를 형통케 해주십니다.

He gives us the necessary courage, gives us wisdom, and makes us prosperous.

믿음대로 되리라
It will be done as you believe

바울은 이야기합니다. "나의 하나님이 그리스도 예수 안에서 영광 가운데 그 풍성한 대로 너희 모든 쓸 것을 채우시리라"(빌 4:19).
Paul said, "And my God will supply every need of yours according to his riches in glory in Christ Jesus" (Philippians 4:19).

바울은 여기서 "나의 하나님"이라는 대명사를 썼습니다. 그것은 그가 인생을 살아오면서 하나님이 얼마나 사랑하시고 세밀하게 간섭하시고 지켜주셨는지 체험했기 때문입니다.
Paul used the pronoun, "My God." It is because he experienced in his life God's great love and His detailed care for him.

"교회에 나와라. 특새에 나와라. 특새에 나와서 열심히 믿고 엎드려 기도하면 하나님의 영광을 보리라."고 하십니다.

Come out to church. Come out to dawn service. If you come to dawn service and pray with faith, you will see the glory of God.

하나님을 향하여 부르짖으세요. "주여! 나를 도와주옵소서!"
Cry out to "God, Lord! Please help me."

"구하라 그러면 너희에게 주실 것이요 찾으라 그러면 찾아낼 것이요 문을 두드리라 그러면 너희에게 열릴 것이니"(눅 11:9).
"Ask, and it will be given to you; seek, and you will find; knock, and it will be opened to you." (Luke 11:9).

"너희 중에 누가 아들이 떡을 달라 하는데 돌을 주며 생선을 달라 하는데 뱀을 줄 사람이 있겠느냐 너희가 악한 자라도 좋은 것으로 자식에게 줄 줄 알거든 하물며 하늘에 계신 너희 아버지께서 구하는 자에게 좋은 것으로 주시지 않겠느냐"(마 7:9-11).
"Or which one of you, if his son asks him for bread, will give him a stone? Or if he asks for a fish, will give him a serpent? If you then, who are evil, know how to give good gifts to your children, how much more will your Father who is in heaven give good things to those who ask him" (Matthew 7:9-11).

"무엇이든지 기도하고 구하는 것은 받은 줄로 믿으라 그리하면 너희에게 그대로 되리라"(막 11:24).

"Therefore I tell you, whatever you ask for in prayer, believe that you have received it, and it will be yours" (Mark 11:24).

예수님께 "무엇을 하실 수 있거든 우리를 불쌍히 여기사 도와주옵소서"(막 9:22)라고 했을 때 예수님께서 하신 말씀이 "할 수 있거든이 무슨 말이냐 믿는 자에게는 능히 하지 못할 일이 없느니라"(막 9:23)는 것이었습니다.

"But if you can do anything, have compassion on us and help us" (Mark 9:22). And Jesus said to him, "'If you can'! All things are possible for one who believes" (Mark 9:23).

무슨 말씀입니까? '믿음이 있어야 한다, 믿음이 있으면 기적이 일어난다, 믿음이 있으면 병을 고칠 수 있다, 믿음이 있으면 사업을 일으킬 수 있다, 믿음이 있으면 네 소원을 이룰 수 있다.'는 것입니다.

What does that mean? We must have faith. When there is faith, miracles happen, and if there is faith, sickness can be healed. If you have faith, you can raise your business. If you have faith, you can make your wish come true.

예수님께서 병을 고쳐주실 때 꼭 묻는 말씀이 있습니다. "네가 이것을 믿느냐?"고 먼저 물어보시고, "예, 믿나이다."라고 하면

"네 믿음대로 될지니라."고 하십니다.

When Jesus heals those who are ill, he always asks. "Do you believe this?" Then, if they say, "Yes, I believe." Jesus says, "let it be done for you as you have believed."

그렇습니다. 예수님께서는 기적을 일으키실 때 언제나 믿음을 먼저 확인하셨습니다. 그러므로 예수님에 대한 믿음을 가지시기 바랍니다.

That's right. Jesus performs miracle after he confirms their faith. I hope that you would have faith in Jesus.

믿음은 문제를 바라보는 것이 아니고 응답을 바라보는 것입니다. 믿음을 가지고 축복을 바라보며 먼저 믿음의 말을 하세요.

Faith is not looking at the problem, but looking at the response. Have faith and speak first as you look to the blessing.

예수님께서도 "네가 요한의 아들 시몬이니 장차 게바라 하리라" (요 1:42)고 하십니다.

Jesus said, "You are Simon son of John. You will be called Cephas" (John 1:42).

때로는 하나님 말씀에 순종하고 열심히 기도생활하면서 하나님을 믿는다는 것이 쉽지 않습니다.

Sometimes it is not easy to obey God's Word and believe in God by praying diligently.

반면, 돈, 힘, 권력, 지식 등 세상에 보이는 그 어떤 것을 의지하기는 쉽습니다.

Money, power, authority, knowledge... It is easy to rely on something that is visible in the world.

그래서 많은 사람들은 하나님을 믿고 의지하는 것보다 눈에 보이는 세상의 것들을 의지하고 그것들을 붙들고 만족하며 살아갑니다.

So many people rely on things that are visible in this world rather than trusting and depending on God.

그러나 우리는 그렇게 살아가면 안 됩니다. 올해는 어떤 일이 있어도 하나님의 말씀에 순종하고 열심히 기도하는 믿음으로 살아야 합니다.

But we should not live this way. No matter what happens this year, we must live by faith, obeying God's Word and praying earnestly.

우리의 생애를, 우리의 미래를 하나님께 맡기면 하나님은 우리를 사랑하사 위대한 축복을 만들어 주실 것입니다.
If we surrender our life and our future to God, He will love us and make a great blessing for us.

우리 삶의 자산은 하나님이십니다. 여호수아와 갈렙이 가나안 땅을 정탐한 후에 돌아와서 이렇게 말합니다.
God is the assent of our lives. Joshua and Caleb came back from the land of Canaan and said,

"그들은 강할지라도 그들밖에 없고 우리는 약하고 부족하지만, 바로를 이기게 하시고 홍해를 건너게 하시고 여리고를 무너뜨리시고 아말렉을 물리치신 그 하나님이 우리와 함께하시면 능치 못함이 없음을 우리는 믿노라."
"They are strong. We are weak, but we have God who defeated the Pharaoh, helped us to cross the Red Sea, conquered Jericho, and defeated the Amalekites. If God is with us, we believe that all things are possible."

그러므로 그 누구에게 도움 받으려는 생각을 하지 말고, 이 세상의 그 어떤 것도 의지하지 말고 오직 하나님의 말씀에 순종하고 열심히 기도하시기 바랍니다.
Therefore, do not depend on anyone to help you or on anything in this world, but obey God's Word and pray

earnestly.

그럴 때 기적이 일어납니다. 형통하게 됩니다. 꿈이 이루어집니다.

Then, a miracle will happen. You will prosper. Dreams will come true.

사랑하는 성도 여러분! 올해는 반드시 하나님의 위대한 축복을 만드시기 바랍니다.

Beloved believers! I hope that you would make God's great blessing this year.

지난날은 잊고 새 마음으로, 꿈이 이루어질 것을 기대하면서, 하나님 말씀에 순종하고 열심히 기도하시기를 주님의 이름으로 축원합니다.

I pray in the name of the Lord that you would forget the past, renew your mind, expect that your dreams will come true, obey God's Word and pray earnestly.

BILINGUAL
GOSPEL SERMONS
IN REFORMED
THEOLOGICAL
FOUNDATIONS

사명선언문

너희가 흠이 없고 순전하여……세상에서 그들 가운데 빛들로
나타내며 생명의 말씀을 밝혀 _ 빌 2:15-16

1. 생명을 담겠습니다
만드는 책에 주님 주신 생명을 담겠습니다.
그 책으로 복음을 선포하겠습니다.

2. 말씀을 밝히겠습니다
생명의 근본은 말씀입니다.
말씀을 밝혀 성도와 교회의 성장을 돕겠습니다.

3. 빛이 되겠습니다
시대와 영혼의 어두움을 밝혀 주님 앞으로 이끄는
빛이 되는 책을 만들겠습니다.

4. 순전히 행하겠습니다
책을 만들고 전하는 일과 경영하는 일에 부끄러움이 없는
정직함으로 행하겠습니다.

5. 끝까지 전파하겠습니다
모든 사람에게, 땅 끝까지, 주님 오시는 그날까지
복음을 전하는 사명을 다하겠습니다.

서점 안내

광화문점   서울시 종로구 새문안로 69 구세군회관 1층
           02)737-2288 / 02)737-4623(F)

강남점   서울시 서초구 신반포로 177 반포쇼핑타운 3동 2층
           02)595-1211 / 02)595-3549(F)

구로점   서울시 동작구 시흥대로 602, 3층 302호
           02)858-8744 / 02)838-0653(F)

노원점   서울시 노원구 동일로 1366 삼봉빌딩 지하 1층
           02)938-7979 / 02)3391-6169(F)

분당점   경기도 성남시 분당구 황새울로 315 대현빌딩 3층
           031)707-5566 / 031)707-4999(F)

일산점   경기도 고양시 일산서구 중앙로 1391 레이크타운 지하 1층
           031)916-8787 / 031)916-8788(F)

의정부점 경기도 의정부시 청사로47번길 12 성산타워 3층
           031)845-0600 / 031) 852-6930(F)

인터넷서점 www.lifebook.co.kr